SHODENSHA
SHINSHO

人口18万の街がなぜ美食世界一になれたのか

ヘイン サン・セバスチャンの奇跡

剛

祥伝社新書

はじめに

人口わずか一八万人の小さな街サン・セバスチャン（バスク語での町名・ドノスティア）。渋谷区の人口より少ない大西洋に面したスペイン・バスク自治州にあるこの街を目指して、いま世界中の美食家が集まってきます。

というのも、この小さな街に、ミシュランの三つ星レストランが三店、二つ星レストランが二店、一つ星レストランが四店もあるからです。人口一人あたりのミシュランの星の数は、ダントツの世界一で、しかも、世界の飲食業関係者の投票による英国「レストラン」誌「世界のベストレストラン50」のトップ10に、この小さな街から二つのレストランが入りました。これは、快挙です。

このサン・セバスチャンが、世界に誇る美食の街となったのは、わずかここ一〇年ちょっとの話。主立った産業もなく、観光の目玉になるような世界遺産や美術館もないこの街は、集客の目玉として「美食」に焦点をあてました。元々、海の幸も山の幸も豊富な場所でしたが、そのような素材をただ使っただけの料理では、他の街と争うことができません。そこで九〇年代にはじまったのが「ヌエバ・コッシーナ」と呼ばれる食の運動でした。

「ヌエバ・コッシーナ」は、直訳すれば「あたらしい食」です。当時、この地の若いシェフたちは、いままでにはなかった、類を見ないあたらしい料理を作ろうと考えました。

それは、徒弟制度で形成されていた既存の料理業界へのアンチテーゼからはじまりました。彼らは、レシピを口外しないフランス料理に代表される古典的システムとは対照的に、あたらしい技法やレシピをお互いに教えあい、また、伝統に囚《とら》われず、旅をして見つけてきた世界中の食材や調理方法を取り入れ、見たこともない料理を次々と作り上げることに成功しました。

そして、お互い教えあいながら、さらにレシピを共有する「料理のオープンソース化」が幸いして、この地のレストランのレベルがいっせいに上がりはじめたのです。

元々、美味《おい》しい食材が豊富な場所でもあり、そこにあたらしい技法（低温調理法や分子調理法など）が加わったので、レストランはもとより、街中にある酒場のつまみまで、すべての食のレベルがここ一五年ほどで急速に上がることになりました。ですので、街中のちょっとしたバルのおつまみに、ビックリするような見たこともない料理が出てくるのです。

ここ数年は、僕もこの街の食文化にすっかりハマり、食べるためだけに定期的に訪れるようになって、その都度、大きな驚きを得ています。そして、ついに本書を書くまでに至りました。

先日、サン・セバスチャンを訪れた際には、その時期だけ獲《と》れる山のキャビアと呼ばれる「ギサンテ・デラ・グリマ」（涙の豆の意、口絵参照）に、大きく舌鼓《したつづみ》を打ちました。これは、小さなグリーンピースのような食材で、驚くべきことにメロンのような味がして、それを半熟の卵に溶かして食べます。こんな食材も料理も、いままで見たこともべたこともありません。この特別の食材は、この地方の特定農家だけが生産しているそうです。

また、この街に訪れる度に必ず食べる僕の大好物があります。それは「マック神戸」という名の大きさ三センチ四方の一口ハンバーガーです（口絵参照）。

これは、レストランではなく街中の立ち食い酒場のような店にある「コシーナ・エン・ミニアトゥーラ」と呼ばれるミニチュアの一品料理の一つで、このバスク地方の小皿料理「ピンチョス」やスペインの小皿料理「タパス」の進化系です。このミニチュアサイズ料理は、元はといえば、とある一店が座って食べるレストラン免許を取得できなかった際に、苦肉の策としてバルで出すあたらしいおつまみのアイデアがはじまりでした。

その後、スペイン名物のパエリアやリゾットも、すべてミニチュアサイズにして出すアイデアを街中で「シェア」し、いまやミニチュア料理は、この街の名物になりました。こんな料理がある街は、世界広しと言えど、サン・セバスチャンだけです。そして、このようなあたらしい料理を目指して、わずか人口一八万人のサン・セバスチャンには、今日も世界中から観光客が集まります。

最近、日本でも地域の観光ＰＲが目立ちます。しかし、そのほとんどが「ゆるキャラ」に代表される誰になにを訴求しているのかわからないものばかりで、まったく中身がないと言わざるを得ません。

製造業だけでは世界に勝てなくなった日本は、今後早急に「観光先進国」としてやっていく必要があります。けれども、これでは「観光先進国」にいつまで経ってもなれません。

では、日本には観光資源がないのでしょうか？　決してそんなことはありません。日本にも豊かな食材がある地域はいっぱいあります。日本の小さな地方都市が、世界から観光客を呼び寄せる可能性のヒントは、どうやらこのサン・セバスチャンにありそうです。

それでは早速、世界一の美食の街、サン・セバスチャンをご案内しましょう。

二〇一二年六月

高城《たかしろ》　剛《つよし》

第1部 なぜスペインに観光客が集まるのか？
――徹底した「地域分権」という戦略

3

独自の文化を誇る謎の民族「バスク」とは

第2部 サン・セバスチャンはなぜ美食世界一の街になれたのか

3

料理を「知的財産」にする

4 サン・セバスチャンの成功から日本が学ぶべきこと

《巻末リスト》

本文レイアウト 株式会社マッドハウス／地図製作 有限会社Ｊ－ＡＲＴ

スペイン全図
バスク自治州
フランス
ビスケー湾
サン・
セバスチャン
アンドラ
ビルバオ
ビトリア
サラゴサ
バルセロナ
◎マドリード
スペイン
バレンシア
ポルトガル
地中海
コルドバ
グラナダ
マラガ

サン・セバスチャン

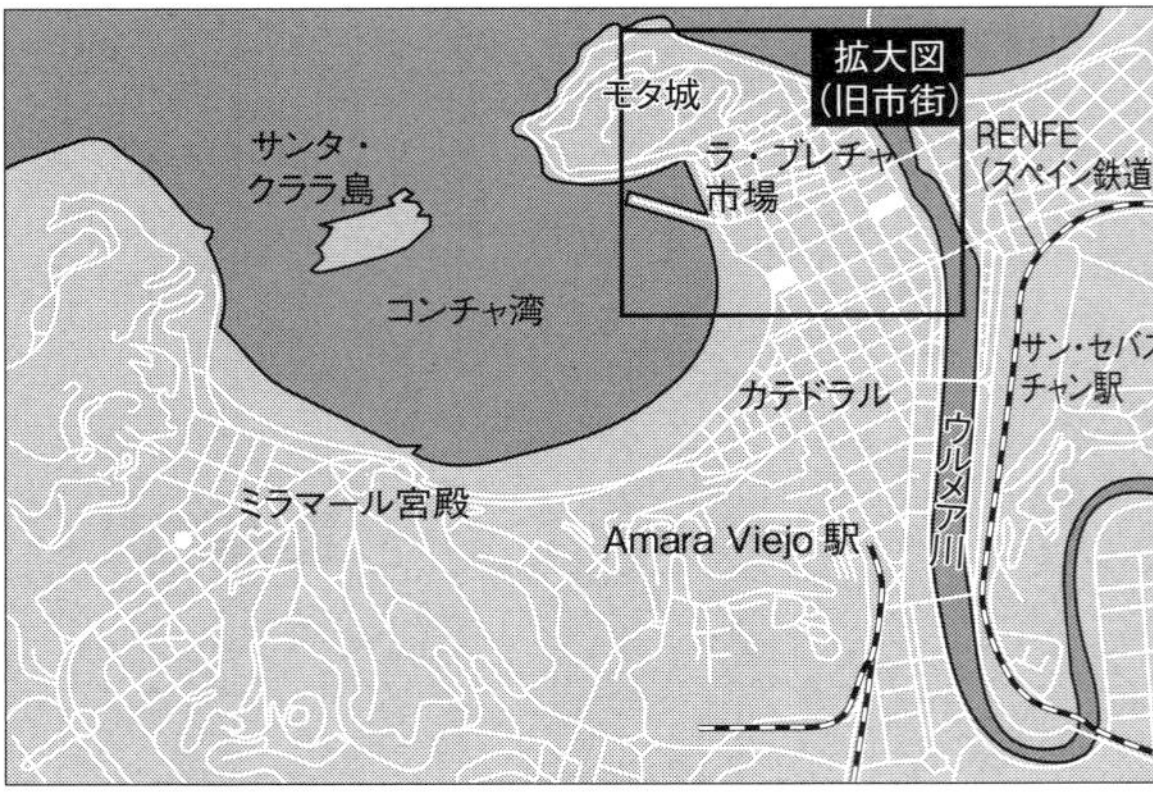

サン・セバスチャン旧市街

第1部

なぜスペインに観光客が集まるのか?

――徹底した「地域分権」という戦略

1 「世界一の美食の街」サン・セバスチャンとは

日本から遠く離れた街　サン・セバスチャン

サン・セバスチャンと聞いても、多くの人がどこにあるのか、どう行けばいいのか見当もつかないのではないでしょうか。

スペインの北東部、フランス国境から一五キロの大西洋に面した街、スペイン・バスク自治州ギプスコア県の県都サン・セバスチャン。イベリア半島の付け根のくびれた部分の北側あたりと言えば、イメージしやすいでしょうか。

日本からサン・セバスチャンに行くには、ロンドンやパリなどの欧州主要都市に、まず向かいます。

そこから、スペインのバルセロナかマドリードまで出て、リージョナルジェットと呼ばれる五〇人弱の小さな飛行機に乗り換えて、サン・セバスチャンに向かいます。所要時間は約一時間。サン・セバスチャンの空港はとても小さく、ジャンボ機どころか、ほとんどの便は、この五〇人弱の小さな飛行機が利用されています。

最近、旅慣れた人の間では、欧州便はフィンランドのヘルシンキ空港乗り換えが好評で、それはヘルシンキ経由で行くと最短時間で行ける欧州主要都市が多いことと、ヘルシンキは乗り換え時間が短くとても便利で、フィンエアー（フィンランド航空）が圧倒的に定時運航するからだと思います。

また、インターネットで直接買う価格も魅力的です。パリのシャルル・ド・ゴール国際空港は、ヘルシンキ、ロンドン、パリの三つの空港の中ではもっともおすすめできません。乗り換えがとても大変なのです。

ですので、パリ経由でサン・セバスチャンに行かれたい方は、パリから高速鉄道TGVに乗ってアンダイエまで向かい（約五時間）、そこからタクシーかバスク鉄道でサン・セバスチャンに入るルートをおすすめします。少し時間はかかりますが、パリからの電車の旅もなかなか楽しいと思います。

ロンドン経由でサン・セバスチャンに向かう際の問題は、空港に気をつける必要があることです。実はロンドンには五つの空港（ヒースロー、ガトウィック、シティ、スタンステッド、ルートン）があり、ローコストキャリア（LCC）に乗り継いで行く場合、空港間の移動がかなりあって、これが予想以上に大変です。

手荷物だけではない旅行者には、このルートはおすすめできませんし、ロンドンの空港間の電車の移動コストがローコストキャリアより高くなってしまうので（空港間によっては、タクシーの利用料金が、ロンドン―サン・セバスチャン四往復なみの料金になります）、コストパフォーマンスがよくありません。

運が良ければ（少しコスト高ですが）、日本からヒースロー空港に着いて、同じヒースロー空港からバルセロナ、もしくはマドリードまで向かい、そこで小さな飛行機に乗り換えてサン・セバスチャンまで行くことができます。

フィンランド経由のルートは、日本からヘルシンキに向かい、そこからバルセロナ、もしくはマドリードまで行って、そこで小さな飛行機に乗り換えてサン・セバスチャンまで向かうルートで、おそらくこのルートが時間にして最短だと思います。

他にもフランクフルト経由、アムステルダム経由など、どちらにしろ、直行どころか、最低でも二回の乗り換えをしなければ、日本からサン・セバスチャンにたどり着くことができません。

いずれにしろ、サン・セバスチャンは日本から行くにはかなり遠く、はるか彼方にある小さな街といった印象には変わりありません。

かつての高級保養地がいまは美食の街

サン・セバスチャンは、その名のとおり聖セバスチャンがこの地に埋葬されたことに由来し、毎年一月二十日の聖セバスチャンの祭日には「タンボラーダ」と呼ばれる祭りが行なわれており、街がもっとも賑《にぎ》わいます。

これはコックや兵士の衣装を着た人々が太鼓をたたきながら、二四時間ずっと街中を練り歩くというもので、ナポレオン戦争でフランスに占領されていたこの街のコックが、太鼓をたたいて行進するナポレオン軍を馬鹿にして真似をしたのが始まりとされています。

スペインの北部、大西洋（ビスケー湾）に面したこの街の歴史は、港湾都市として発達すると同時に、美しい海岸線などによってかつては高級保養地として知られ、多くの王族などが訪れ、ヨーロッパの貴族たちに街の名前が知れ渡っていました。その豪邸の数々は、いまも残っており、いくつかの名所は市民の憩《いこ》いの場所として広く開放されています。

また、現在では、バスク地方の中心都市の一つとして、国際映画祭や国際音楽祭も開催されるようになっています。スペインにしては雨が多いということを除けば、非常に暮らしやすい街であると言っていいでしょう。

しかし、この地に住む一般市民の暮らしは、かつては決して豊かなものではありませんでした。サン・セバスチャンから八〇キロほど西にある、バスク自治州最大の都市ビルバオが、産業革命の恩恵を受けて繁栄していたときも、この街の人々は、目立つことなく慎《つつ》ましく暮らしていました。それが、約一〇〇年前まで続きます。

最初に述べたとおり、このジャンボ機どころか、中型機も停まらない小さな街に、いまや欧州を代表するレストランがいっぱいありますが、世界一の美食の街に変貌《へんぼう》し

ビスケー湾を望む美しい海岸線。かつては高級保養地だった

サン・セバスチャン市役所。建物は19世紀にカジノとして建てられたもの

たのは、実はここ一〇年ちょっとのことなのです。

世界トップ10レストランのうち二つがある街

世界の食事情に詳しい方ならご存じのとおり、七〇年代までの世界的な食の中心地はフランスでした。当時は伝統的なフランス料理とは違う「ヌーベル・キュイジーヌ」と呼ばれるあたらしい潮流が生まれ、フランス料理は世界的に注目を集めている時期でもありました。

その後、世界の料理トレンドはイタリアへと移って、八〇年代は世界的なイタリアン・レストランブームになりました。日本もバブル経済時に、数多くのイタリアン・レストランが開業されました。

一時は、イタリア本国より日本のほうがイタリアン・レストランの数が多いと言われていたほどであり、また、本格的なイタリア料理以外にも、世界的にピザが浸透したのもこの時期でした。日本でも宅配ピザ業者が続々と登場しましたが、アメリカなどでも大きなイタリアン・ブームが起きて、レストランや宅配のピザが大ヒットしました。

その後、世界の料理トレンドは九〇年代後半から寿司に代表される日本食ブームが巻き起こり、そのブームは二〇一〇年代のいまも続いています。そして現在のブームであり、世界中の飲食関係者の間で、今後さらに台頭すると言われているのが、このスペイン料理なのです。

すでに今日、もっとも飲食業界で影響があるとされ、今後のレストラン業界の未来展望がわかると言われるイギリスの「レストラン」誌が、飲食関係者の投票だけで選ぶ「世界のベストレストラン50」のトップ10の多くがスペイン・レストランであるか、もしくは著名なスペイン料理店で修業したシェフの店ばかり（殿堂入りを入れると、トップ5のうち四つも）になっています。

この「レストラン」誌の「世界のベストレストラン50」は、日本の株式業界で言えば「会社四季報」のような役目と影響力を持っており、レストラン業界におけるトレンドや各国の勢いを如実に表わしています。

そこにいまやフランス料理もイタリア料理もかつて栄華を誇った面影はまったくあ

りません。その「世界のベストレストラン50」のトップ10のうちの二軒（ムガリッツ、アルサック）が、小さな街サン・セバスチャンにあるのです。

そして、政治的（フランス贔屓《びいき》でスペインに厳しい）と言われるミシュランの星を持つレストランもサン・セバスチャンに数多くあります。人口一人あたりのミシュランの星は世界一で、土地面積から考えるミシュランの星も、ここサン・セバスチャンが世界一です。

ちなみに、数多くあるサン・セバスチャンの星付きレストランのなかで、僕のお気に入りは「ムガリッツ」です。街中からタクシーで一五分ほど離れた、風光明媚《めいび》な場所にある二つ星レストラン「ムガリッツ」は、その静かな周囲とはまったく別の挑戦的な姿勢を強く持っていると感じます。

まず、入店すると驚くことに「感じ、想像し、回想し、発見する一五〇分／瞑想《めいそう》の一五〇分」と日本語で書かれたカードがテーブルに置いてあるのです。予約の電話の際に、僕は日本人であることを告げたわけではありませんが、どうやら名前からどこの国の人かを判断し、このカードを置いているようです。ちなみに、このカード、な

2012年 世界のベストレストラン50（上位10店）

ランク	'11	'10	レストラン	国	特別賞
1	1	1	Noma（ノーマ）	デンマーク	世界のベストレストラン賞
2	2	4	El Celler de Can Roca（エル・セジェール・デ・カン・ロカ）	スペイン	
3	3	5	Mugaritz（ムガリッツ）	スペイン	シェフズ・チョイス賞
4	7	18	D.O.M.（ディー．オー．エム）	ブラジル	南米におけるベストレストラン賞
5	4	6	Osteria Francescana（オステリア・フランチェスカーナ）	イタリア	
6	10	10	Per Se（パーセ）	アメリカ	北米におけるベストレストラン賞 サンペレグリノライフタイムアチーブメントアワード（特別功労賞）
7	6	7	Alinea（アリネア）	アメリカ	
8	8	9	Arzak（アルサック）	スペイン	
9*	-	-	Dinner By Heston Blumenthal（ディナー バイ ヘストン・ブルメンタル）	イギリス	最上位の新規入賞レストラン賞
10	24	50	Eleven madison park（イレブン・マディソン・パーク）	アメリカ	

*新規入賞

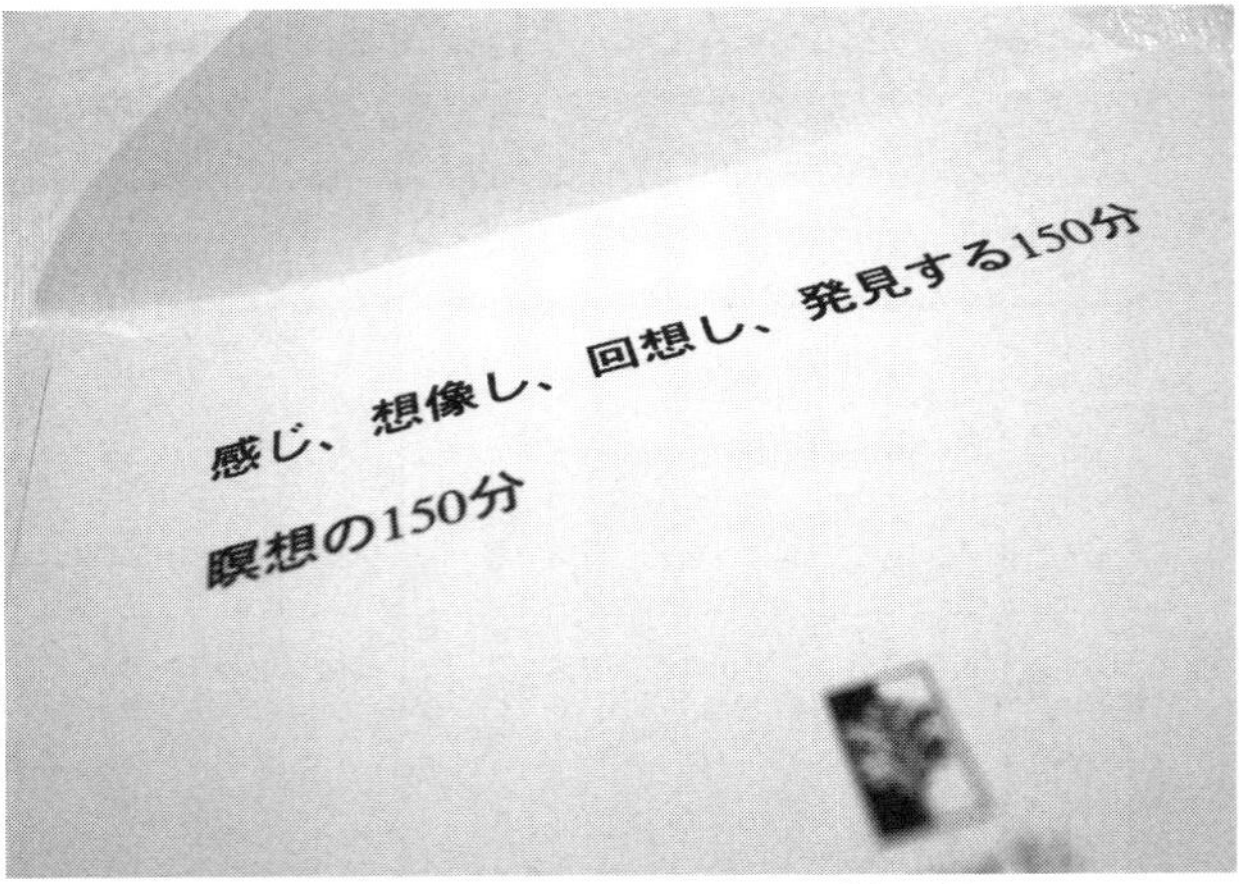

食事への期待が高まる「ムガリッツ」のメッセージカード

んと二〇カ国語以上の用意があるそうです。もう、このオープニング一つをとってみても、このレストランの食事が普通ではないことをご理解いただけると思います。

コースの内容をここでお話しすることは、映画と同じように「ネタバレ」になりますので避けますが、「ムガリッツ」では、他ではない体験ができることは確かで、モチロン味も文句なし。日本人のテイストにも合っていると感じますし、間違いなくおすすめの一店です。

この店に限らず、サン・セバスチャンという街は、もう、そこらじゅう美味しいものだらけです。実際に訪れると、その評判が本当であることがわかります。

もちろん、ある程度大きな都市に行けば、お金さえ出せば美味しいものが食べられるのは当たり前です。けれども、この街では星付きなんか関係ない街の立ち飲みバルも最高の味を提供していて、美味しいご飯を食べようと思ったら、数百円から可能なのです。

市が主催する「美食ツアー」のパンフレット

これこそがこの街の魅力だと僕は思います。

はじめにお話ししてしまいますが、星付きの有名レストランをまわるのもいいのですが、街中にある小さな立ち飲みバルをハシゴしながら食べ歩くのが、サン・セバスチャンの本当の醍醐味《だいごみ》だと思います。まさに食べ歩きです。市の観光局までもが、観光ツアーの目玉の一つとして、この小さなバルの食べ歩きツアーを主催するほどです。

サン・セバスチャンの人たちはとても真面目

サン・セバスチャンの人たちは、他の地域のスペイン人と大きく異なります。スペイン人の前にバスク人である彼らの特徴かもしれませんが、日本人に負けないくらい、生真面目な人が多くいます。

一般的に、もしくは僕が知る限り、スペイン人は、日本人に比べ、あまり長く働きません。ご存じのように、シエスタと呼ばれる長時間の昼休みや長い夏休みなどがあるため、年間労働時間は、日本人のおよそ半分ぐらいだと思います。

数年前に僕がスペインに引っ越して、一番カルチャーショックだったことは、朝九時に会社に出社すると、それから皆でカフェなどに朝ご飯を食べにいく習慣です。では、いったいなんのために朝九時に出社しているのか？　いまもって謎ですが、これはスペインでは一般的な習慣なのです。そして、午後二時から四時半ぐらいまでは、シエスタをしっかりとります。ですので、一般的にスペインで「午後イチ」といえば、一七時を指します。

しかし、ここサン・セバスチャンの人たちは、違います。シエスタをとりません。まるで日本人かと思うくらい、真面目にしっかりと働くのです。

また、サン・セバスチャンの住人は、さぞかし美味しいものばかり食べているので、太っているのではないか、とお考えのかたもいらっしゃると思います。

これが予想外なほど、皆スリムな体型をしています。サン・セバスチャンの人たちは、スペイン内でもっともスポーツが好きな人たちで、アスレチックジムの数なども、人口一人あたりスペインでトップです。美味しいものを食べて、しっかり運動する。そういう点では、極めて健康な人たちです。

では、一体なぜ、この小さな街が世界一の美食の街になったのか。その秘密を探る前に、マクロ的な視点から観光先進国として大成功を収めているスペインの観光戦略について紐解《ひもと》いてみたいと思います。

2 スペインはなぜ観光で大成功を収めているのか?

二十一世紀における最大の産業は何か

二十一世紀における最大の産業は「観光産業」です。自動車産業でも航空宇宙産業でもありません。雇用の面でも売り上げの点でも、観光産業に匹敵する産業は見当たりません。

UNWTO(世界観光機関)によると、一九九三年の時点で、すでにその規模は自動車産業を抜いています。さらに今後、BRICs(ブラジル・ロシア・インド・中国)などの国々で新たに誕生しつつある中間所得層が続々と海外旅行に出かけることが予測され、現在八億人の国際交流人口が二〇二〇年には倍の一六億人に増加すると言われています。

また、ボーイング社の長期予測によると、二〇年後には三万五〇〇〇機の民間商業機が世界の空を飛び回ることになるそうです。現在は一万九〇〇〇機なので、エアラインの供給は航空機の大型化も考えると、飛行場などの航空関連インフラが整備されることを条件に、増加する国際交流人口にやっと対応できそうな状況なのです。

しかし、目的地の観光インフラがこの膨大な旅行者数を受け入れられるかどうかが、今後の観光産業の唯一の懸念材料となると言われています。逆に考えれば、しっかり問題点を解決することができれば、「観光勝ち組都市」となることができるわけです。

観光産業界では、よくインバウンド、アウトバウンドという言い方をします。観光流入人口をインバウンド、その逆をアウトバウンドと呼ぶのですが、このインバウンドとアウトバウンドは、どの国もほぼ比例しています。

ということは、一方的に海外から観光客を呼び込むのではなく、こちらから出向けば出向くほど、実は観光客が増える、ということが明らかなのです。

僕らのまわりの小さな世界だけを見ても、旅先で知り合ったドイツ人に、日本の話をすれば、きっと彼らは日本に来たがるでしょうし、いつかそのドイツ人は本当に日本に来るかもしれません。それが日本人ではなく、マレーシア人だったら、そのドイツ人は、マレーシアに行きたいと思うのが人情でしょう。

ですので、日本の観光庁がどんなに税金を投入して海外で日本観光キャンペーンをするより、日本人が一人でも多く海外に行くことのほうが効果的なのです。

これは、僕が実際に観光庁の海外での日本観光キャンペーンを手がけた実感です。日本のインバウンドが落ちているのは、日本人が海外旅行に行かなくなったからなのです。

観光客を減らす的外れな日本のキャンペーン

また、日本の観光庁が海外で展開する観光キャンペーンは、あまりに的外れなものが多くあります。通常、海外旅行者が利用するハブ都市やハブ空港、ヨーロッパならロンドンやパリ、アジアなら香港やシンガポールに効率的に広告を打つのですが、まず、日本のキャンペーンを見かけることはありません。

数年前には「Yokoso」と書かれたキャンペーンがありました。海外の友人に「ヨコソーってなんだ？」と聞かれてすぐに答えられませんでしたが、しばらくたってからやっと「ようこそ」だと理解できました。日本人でもさほど魅力的に思わないような言葉をキャッチコピーにすること自体に無理がありますし、そもそも何のアピールにもなっていません。

最近も、３・11の東日本大震災によって起こった福島第一原発事故が沈静化する前に、フェイスブックやツイッターなどのSNS（ソーシャル・ネットワーキング・サービス）に書き込むことを条件に一万人のゲストを無料で日本に招待するというキャンペーンを行ない、海外で物議を醸《かも》していました。

そこまでしなければいけないほど、日本の原発事故は深刻である、と言われるのは当たり前だとしても、個人のフェイスブックやツイッターには、嘘《うそ》を書く必要はないわけですから、福島の現実をそのまま書いてもいいのか、と海外メディアが日本の観光庁に問うたのに対して、日本側は事実上無視しました。

このような的外れなキャンペーンを打っているような国は、興味があっても段々行く気が失せてしまうものです。

特に日本は、アウトバウンドよりもインバウンドの落ち込みが大きくなっています。それは、日本に海外から観光に来る人がアウトバウンドと比例しておらず、むしろ少なくなっていることを意味します。

明確な理由はわかりませんが、観光キャンペーンの失敗とは別に、僕は若年層のアウトバウンドの減少によるところが大きいと思います。先ほどの例に出しましたが、マイクロ国際交流において、より活況なのが若年層であることは確かだからです。

その日本の逆、すなわち、アウトバウンドよりインバウンドがはるかに多いのが観光先進国スペインです。

なかでも好例が、わずか一〇年間で観光客数を四倍まであげた、スペインを代表する観光都市バルセロナです。すでにバルセロナは、人口一人あたりの観光客数で、パリをはるかに凌《しの》ぎ、欧州トップクラスの観光都市にまで成長しました。

外国人観光客が、国の人口を超えたスペイン

世界有数の観光先進国となったスペイン。訪れる外国人の数は、フランス、アメリ

カについで世界第三位です。二〇〇一年時点の統計で、スペインを訪れた観光客四八〇〇万人は、国の人口四〇〇〇万人をはるかに超えており、現在も伸びています。国際観光収支世界第一位であり、観光GDPで見ると、スペインは日本の五〇倍も観光産業が発達しているのです。

一方、二〇一〇年四月に米紙ウォール・ストリート・ジャーナルが発表した数字によれば、日本を含むアジア・太平洋地域トップの観光産業国は、GDPの一四％を占めるカンボジアです。二位は九・五％のマレーシアと香港。四位以下は、タイ（八・四％）、シンガポール（五・八％）、ラオス（五・三％）、ニュージーランド（四・〇％）、フィリピン（三・〇％）、インドネシア（一・六％）、韓国（一・四％）と続きますが、日本はわずか〇・三％しかありません。

この数字は日本が、二十一世紀最大の産業である観光産業にいかに本気で取り組んでいないかの証であり、また、外交を含む国際コミュニケーションが下手であることの現われでもあると感じます。

客観的に見ても観光資源が多い日本は、宝の持ち腐れ状態にあることは間違いありません。世界のどの観光の専門家と話しても、日本の現状を「もったいない」や「なぜ？」と口を揃《そろ》えます。

なぜ、スペインがこれほどまでに、世界的な観光地になれたのでしょうか？

観光産業の発展にはさまざまな要素がありますが、まずは治安、気候、観光資源、交通手段、宿泊・飲食施設、値段の安さ、そして外国語への対応などがあげられます。

そして、スペインはこれらのほぼすべてを備えています。正確に言えば、努力して補い、顧客ニーズに応えています。

後手に回る日本の観光政策

日本も世界に冠たる治安の良さ、美しい四季、豊かな歴史と遺産、新幹線等の交通手段、多様な宿泊施設、ヘルシーな日本食と、外国人観光客にとって魅力的な要素がいっぱい揃っています。問題は残りの二つ、物価の高さ（円高）と、ＰＲなどのコミュニケーションを含む国際感覚を持った外国語への対応の不足です。

まず、観光産業界の国際感覚の違いの代表的なものとして、ホテル料金の値段設定があげられます。海外では一般に、ホテルは一部屋いくらの料金なのに、日本では一人いくらとして計算されることが多く、海外からの旅行者にとっては大きな不満となっているようです。

また、言葉の面でも大変に遅れていると思います。

スペインの観光バスのガイドはたいがい三カ国語以上を話します。母国語のほかに英語、フランス語、ドイツ語などで、バルセロナに住む多くの人も、現地の言葉であるカタラン（カタルーニャ）語、スペイン語、英語、さらにもう一カ国語話す人が多くいます。

観光客用のツアーバス内では同じ説明を例えば三言語に分けてするバスガイドや、また著名な観光地では言語別グループに分けて案内するところもあります。バルセロナに限らず大都市の市内観光バスには、座席にイヤホンが付いていて一〇カ国語前後の言語で説明が聞けるのが一般的です。

これに比べると、日本は英語での対応さえも十分ではないように思えます。

そして円高については、これは観光産業界だけで考える問題ではないと思いますが、今後円安になったときの国家としてのリスクヘッジを、観光産業に求めるべきである、と個人的に思っています。

長引く円高を理由に多くのメーカーが生産拠点、つまり工場を海外に移転する動きを加速させています。突然、円安になったからといって、すでに生産拠点の多くを海外に移してしまった電機メーカーや自動車メーカーに、多くの恩恵が訪れることはありませんので、円安時にこそ、外貨を大きく稼げる観光産業に力を入れるのは、どの国でも同じはずです。

そのためには、いまのうちに着々と準備をしておくことが大事だと考えられますが、いまだに日本は「観光省」ではなく、やっと「観光庁」になった程度ですので、今後法整備も含めた対応が急務だと思います。

観光立国四〇年の歴史を持つスペイン

スペインは一九七〇年には観光省を作っており、すでに観光立国四〇年の歴史をもっています。後述しますが、当時はフランコ将軍圧政時代で、ほぼ鎖国状態であっ

バルセロナ市内を走るツアーバス。10カ国以上のガイドが聞ける

街中にある観光案内所。お得なチケットも購入できる

ため、外貨を稼ぐために（生き残るために）観光産業は絶対に必要な産業でした。

もちろん、スペインがここまでの観光先進国になった理由の一つに、地の利があります。スペインはヨーロッパの中（ＥＵ圏）にありますから、寒いドイツやベルギーあたりからも、飛行機でわずか二時間で来ることができます。

九〇年代後半のインターネットの普及に伴い、格安航空会社と呼ばれるローコストキャリア（ＬＣＣ）が続々乗り入れたこともスペインが観光立国を実現できた大きな要因です。なにしろ、ローコストキャリアを使えば、片道一万円程度でヨーロッパ主要都市から、スペイン主要都市まで観光に出かけることができます。

また、ローコストキャリア登場前まで、飛行機に乗ることは、かなりの事前準備が必要な行程でした。それは航空運賃が高価だったこともありますが、なにより「気分」として、「国外旅行」はハードルが高いものだったのです。

しかし、ローコストキャリアの登場によって、木曜日に思い立って週末にぶらりとどこか国外に旅行することが可能になりました。日本で言えば、ちょっとした電車の旅のような感覚です。しかも予約は旅行代理店を通さずに、インターネットでいつでもできて、発券は自宅のプリンターでできます。

あとは、自宅で発券したボーディング・パスと、ちょっとした手荷物だけ持って、空港のセキュリティゲートに直接向かって飛行機に乗るだけです。インターネットの普及とともに伸びたローコストキャリアの詳細について詳しくお知りになりたい方は、拙著『70円で飛行機に乗る方法』（宝島社新書）をお読みいただければ幸いです。

そして、もう一つスペインの観光が大きく花開き、同時に「気分」として「国外旅行」のハードルが低くなったことがあります。それがＥＵ統合です。

一九九〇年代の終わりにＥＵが統合されて以降、同じＥＵ圏に住む人たちは、パスポートを持たずに旅行できるようになりました。これによって、「国外旅行」のハードルが一気に下がり、多くの人たちが、気軽に別の国へと旅立ったのです。そして通貨も同じユーロです。

気候がよくて、物価が安くて（同じ通貨だと実感しやすい）、近くて安全で、それはどこだろう？　その答えがスペインだったのです。

実際、スペインは物価も東欧よりずっと安く、どの都市にも近代設備を持った空港があり、交通の便がよくて居心地がよければ、自国内旅行をするよりも、スペインのほうがいいということになります。

ですので、同じEU圏の人たちと、EU圏外の人たちのスペイン滞在スタイルは、明らかに異なります。日本人にとってスペインは観光で名所をぐるぐる回る場所ですが、ドイツ人や東欧の人にとっては、スペインは暖かい所でのんびりすることが目的なのです。

バルセロナに代表される世界遺産がある観光都市というイメージと同時に、実はスペイン全土がすぐに行けてのんびりできる、ゆっくり暮らしやすい場所で知られ、EU統合後瞬《また》く間にスペインが欧州を代表する観光地になったのです。

ペット同伴旅行者を呼び込んだ南スペインの発展

また、旅行と言えば問題となるのが犬や猫などのペットをどうするかです。特に海外ではペットを飼っている人が多いので、大きな障害となります。預けていけばいいじゃないかという話もありますが、飼い主は一緒に連れていきたがるものですし、ましてや欧米の長期バカンスを過ごすような保養地となればなおさらです。

この点についても、ＥＵに統合されたことで、ペットを連れての旅行が非常にしやすくなりました。なぜでしょうか。

現在、ＥＵには「ペットパスポート」があります。これは、二〇〇四年からＥＵ加盟諸国で導入された、ペットパスポート・イニシアティブ（Pet Passport Initiative）という動きにより設けられました。

動物の検疫システムは国ごとに異なるため、犬や猫などを連れていると、空港などで煩雑な手続きがあり、時間もかかりました。それを改善するために創られたのが「ペットパスポート」です。これによって一定の条件を満たせば、六カ月ほどもかかる検疫を、書類審査のみで通過できるようになりました。

「ペットパスポート」は名前のとおり、僕たちのパスポートと同じ役目を果たすもので、ペットの名前や特徴、写真、飼い主の情報などが記載されています。

ただ、このパスポートを取得するには、日本ではあまり馴染みのない動物個体認証のマイクロチップをペットの体に埋め込むことが必須で、パスポートにそのＩＤが記載されます。このマイクロチップは動物病院で主に首の後ろに埋め込んでもらうもので、狂犬病予防接種の履歴など必要情報が記録されています。

このように、ＥＵではペットを連れての旅行も気軽にできるようになっており、それが旅行者の増加に一役買っているのです。長期滞在者が多い南スペインの空港では、ペット同伴の旅行者（大抵は富裕層）を数多く見かけます。

それによって、何も主立った産業がなかった南スペインには、多くの外国人向けの保養地が発展したのです。

不動産バブルを起こすほどの観光人気

その結果、一〇年ほど前から（ＥＵ統合以降）不動産価格が高騰し、バブルになりました。そして数年前に（リーマンショック時に）、この観光不動産バブルが崩壊し、スペインやギリシャなどの南欧諸国は、今日、国家財政破綻《はたん》に直面しています。

日本からギリシャやスペインの財政破綻のニュースを見ると、その本質がわかっていない記事がほとんどだと個人的に感じますが、不動産バブルに引っ張られた国家システムの問題（かつて、日本も通った道です）であることは明らかであり、その要因の一つが、このEU統合以降に起きた、北からの民族大移動による観光地不動産バブルなのも明らかなのです。

なぜ、こうしたスペイン南部の土地がバブルになるほど買われるようになったのでしょうか？　このようなスペイン南部の観光物件が高騰した背景には、それだけ観光客を集める地域戦略があったのです。

スペイン南部のそれぞれの街は、特定の国の人をターゲットに、そのニーズに応じるよう特化しているところがよく考えられていると思います。

例えばイギリス人が多く訪れる街は、看板は全部英語表記にし、レストランもイギリス料理店が多く、スーパーでもイギリス産の食品が多く並びます。街ゆく人はほとんどがイギリス人ですから、暮らし心地がよく、この地はいわば「気候がいいイギリス」になります。

ドイツ人用の街では、ドイツ語表記の看板だけではなく、主たるお店ではドイツ語が通じますし、ドイツ人好みの街作りになっています。街で働くスペイン人たちも、ここではドイツ人並みの時間厳守がお約束です。

そんな南スペインの中でも、一番の観光出世頭がマラガです。多くの外国からの飛行機がやってくるマラガ国際空港は、下手すると、マドリードよりもバルセロナよりも、大きく立派です。そして、何よりもすごいのが、空港内に乗り入れている電車です。この電車に乗ると、マラガ近辺の保養地まで直行で行けるようになっていて、ほとんどのマラガの有名な観光地まで、空港から電車でたったの二〇分圏内になっているのです。

これを日本にたとえると、熱海《あたみ》の近くにローコストキャリアが乗り入れる巨大な国際空港があって、伊豆の温泉街（中国人温泉街やロシア人温泉街など）に、どこでも空港から電車で一〇～二〇分くらいで行けるということです。これは、本当に便利です。こうなれば、現在さびれたなどと言われる温泉街も復活間違いないでしょう。

こうした戦略が大成功し、結果的に外国人がこのスペイン南部の不動産を買いまくるようになり、不動産価格が高騰してバブルになってしまったのです。

スペイン成功の秘訣《ひけつ》は「地域分権」

観光不動産バブルはさておき、スペインの観光戦略で面白いのは、国家として戦略立案するのではなく、その地をもっともよく知るその地域の自治体に徹底的に戦略を考えさせ、行動させることです。

こと観光に関しては完全な地域分権であり、これが成功の秘密だと言えると僕は考えています。

中央政府が、地方の細かいことまで知っているわけありませんから、その地域で「売り」となる観光戦略を考えようにも、議論がどうしても大雑把でステレオタイプなものになりがちです。

最近の旅行はより専門性が高くなってきていますので、どこにでもあるようなものを寄せ集めて「いろいろあります」という大雑把な戦略では、旅慣れた観光客にとって魅力的に映りません。

日本では、スペインをイメージするのは、「闘牛」や「フラメンコ」だった時代が長くありました。しかし実際、バルセロナに行くと、闘牛もフラメンコもありません。

ガウディの建築が並ぶバルセロナの街並み

これらはスペイン南部のものであるとして、バルセロナでは観光名所と言われる場所でも、いまは「闘牛」や「フラメンコ」の置物さえもほとんど見かけることがないのです。

大体、闘牛は世界的な動物愛護団体から物凄いクレームを受けていますので、良識ある観光客にプッシュするトピックとしては、むしろ先進国で反感を買うことも多くある案件です。

ですので、バルセロナはサグラダ・ファミリアに代表される建築家アントニオ・ガウディや、ピカソやミロをはじめとするアーティストが愛した文化的な街であ

ヨーロッパ随一の活気を誇るボケリア市場

ることを前面に出し、また、海に隣接していることから海産物が美味しく、ヨーロッパ一の活気を誇ると言われるボケリア市場に代表される食の街として売り出し、成功しました。

ちなみに、世界最強として有名なサッカーチーム「FCバルセロナ（バルサ）」は観光戦略に組み込まれていません。

それは、その年のチームの成績が観光戦略を左右してしまうとマズいのと、バルサは市民チームですので、基本的にバルセロナ市民のためのチームであり、観光客のためのチームではない、という想いがあるようです。ここが、レアル・マドリードを観光キャラクターに起用するマドリードとの違いでもあります。

世界一の観光都市となったバルセロナ

そこで、観光先進国スペインでももっとも成功した都市バルセロナの観光戦略を立案実行している団体「ツーリズム・デ・バルセロナ」に、リーマンショック以降も右肩上がりを続ける、不況時でも好況のバルセロナ観光戦略を伺い、その秘訣を探ってみることにしました。

「ツーリズム・デ・バルセロナ」は、一九九四年にバルセロナ市とバルセロナ商工会議所が合同で設立した半官半民の観光誘致のための営利団体です。

ここであえて営利団体と書いたのは、日本で言う第三セクターなのに、この不況の中でも非常に儲《もう》かっているからで、ここが提供する市内観光バスやデザインされたお土産の売り上げは、スペイン国家財政破綻が騒がれているいまも、関係なく伸びつづけているほどです。

僕もここの観光バスに乗ったことがありますが、半官半民とは思えないほどセンス

半官半民の団体「ツーリズム・デ・バルセロナ」が企画したお土産

は抜群です。この観光バスは、いまやバルセロナ観光の「名物」になっています。

僕は仕事柄、世界中の観光局や観光戦略部署の方々とお会いしますが、どの地域も戦略や特色を簡潔にお話ししてくれます（これが大事）。お話をお聞きする限り、バルセロナの観光戦略でもっとも大切なことは、「市民と観光客が一体になる」ことだと感じました。

簡単に言えば、観光客をお客様扱いしないで、遠くからはるばる来た友達のように接するということです。

彼らは、普段、市民がその地で楽しんでいることを、そのまま広げるようなこと、それを徹底していることを強調します。ここに「作られた」エンターテイメントや、わざとらしい「おもてなし」はありません。これが、嘘がつけないインターネット時代のもっとも特徴的な観光戦略で、観光都市バルセロナの成功の秘密なのだと思います。

これは、どの都市にでもできることではないと思いますが、スペイン人の陽気さ、しかし裏を返せばいい加減さ、の良い面だけを上手に切り取るような手法は、学ぶべきポイントがあるはずです。

バルセロナで一番儲かっている観光産業は何か

世界旅行ツーリズム協議会（WTTC）が、オクスフォード・エコノミクス（Oxford Economics）と行なった「二〇〇九年 旅行とツーリズム経済インパクト」に関する共同調査によれば、世界の観光産業がGDPに占める割合は約一割、総就労人口から見ると一三人に一人以上が観光産業に従事していることになります。

これは、とても大きな数字です。これが、観光産業の規模がすでに自動車産業をはるかに凌ぎ、「二十一世紀の最大の産業になる」と言われている所以《ゆえん》です。

観光客、特に海外からのゲストが増えれば、地元のあらゆる産業は活性化します。ホテルや飲食店、小売業者などはもちろんのこと、その影響は意外なところにも及びます。

バルセロナで一番儲かっていそうな観光産業は何だと思われるでしょうか？

正確に数字を比較したわけではないのですが、僕から見てバルセロナで一番儲かっていそうな観光産業は、なんと、ストリート・パフォーマー、すなわち路上でさまざまな芸をして、道行く人からお金をもらう人たちです。

もし、スペインで失業しても、それなりのパフォーマンスができれば、かなりの日当を稼ぐことができます。路上や広場で歌って踊って、一人頭一日一〇〇ユーロくらい稼ぐ人はいっぱいいます。

元々物価が安いスペインで、実家にいて、一日一〇〇ユーロ稼いで、もし税金を払っていないとすれば、かなりの収入になるのは間違いありません。

ですので、皆パフォーマンスを競って、いまやストリート・パフォーマーのレベルはバルセロナが世界一と言ってもいいと、世界中を廻る僕が見ても感じます。

　このレベルの高いストリート・パフォーマーが、街を盛り上げていることは、市も警察も観光都市のメリットとして理解しているようで、逮捕されるようなことはありません。

　一方、路上で偽物のカバンを売るような人たちに対しては、厳しく取り締まっています。これは、偽物を売買することが観光客にとっても観光都市にとってもよくないことである、とハッキリわかっているからです。

　最近は、ストリート・パフォーマーの幅が広がり、「猫にキレイな服を着せてデコレーションしているだけ」のおばさん、なんて人をみかけます。聞くところによると、これだけ（猫を見せるだけ）でかなりの高収入とのこと。財政破綻も囁《ささや》かれるスペインですが、この街の人たちは、楽しむことと楽しませることは世界一だと感じます。その気持ちが、やはり最大の観光資源なのでしょう。

粗悪なコピー品や偽物を売る人たち

路上で芸をするストリート・パフォーマーたち。相当な稼ぎ手も存在する

観光客に媚《こ》びない

このように、友達の家に来たようなフランクさが売りのバルセロナですが、問題も発生しています。その問題は、「あまりに観光客がくつろぎすぎる」というものです。

これだけ聞くと、少しおかしい話にも聞こえますが、実際、僕もそう感じる場面に何度も遭遇しています。

例えば、二〇一一年の四月から、変わった罰金制度がバルセロナをはじめとするスペインのいくつかの地域ではじまりました。それは、水着で街中をウロウロするな、という規則です。

バルセロナに限らず、スペインの地中海沿岸は、素晴らしいビーチを持ち、多くの観光客を魅了します。また、水着、もしくは水着に近いカジュアルな格好で街を探索できるのも、バルセロナ観光の一つの売りでした。

しかし、バルセロナ市議会は「公共の場所で裸や裸に近い姿」でいることの禁止を賛成多数で決めました。水着の着用は水泳プール、砂浜、隣接する道路、浜辺ぞいの遊歩道に制限されることになり、街中のいたるところに、「水着はお断り！」ポスターが、二〇一〇年の夏から突然貼られることになりました。

砂浜の指定地域外で水着姿のまま街中をウロウロすると、三〇〇～五〇〇ユーロ（約三万～五万円）の罰金を科され、また、男女問わず水着姿で市内の路上を歩くと一二〇～三〇〇ユーロ（一万二〇〇〇～三万円）の罰金を科されるのです（一ユーロ＝一〇〇円として）。

もちろん、訪れた観光客にくつろいでもらうことは観光地としては望ましいことではありますが、あまりに行き過ぎて、街のイメージを損ねるまでになってしまうことを防ぐ必要があったのだと思います。ここにも、観光先進国として、観光客にただ媚びるだけではないという確固たる姿勢を感じます。

けれども、まあ、ここまでくつろがせることができれば、成功した観光都市としてたいしたものでしょう。

3 独自の文化を誇る謎の民族「バスク」とは

スペイン地方自治はどのように生まれたか

さて、ここでもう一度話を観光戦略立案の鍵となったスペインの地域分権に戻し、日本とは大きく違う中央政府と地域社会との関係や距離感について歴史的背景も含め、考察してみることにしましょう。

スペインでは、観光戦略に限らず自治が各地方によって大きく認められています。一九七八年の憲法改正によって、中央集権から地方分権へ移行し、政治権力と諸機能が自治州に委譲され、地域整備や都市計画の権限も地方に委《ゆだ》ねられるようになりました。

つまり、観光戦略を練るにも、スペイン政府が直接関与するのではなく、各州が主体となって、市町村をたばねています。

　このような地域自治には、歴史的背景があります。長い間、王政だったスペインは、一九三〇年代の市民戦争を経て、フランコ将軍の圧政が一九七五年まで続きます。

　市民戦争はスペイン内戦とも呼ばれ、マヌエル・アサーニャ率いる左派の人民戦線政府が総選挙で勝利したことをきっかけに、政権を追われたフランシスコ・フランコ（フランコ将軍）を中心とした右派の反乱軍との争いがスペイン全土に広がりました。内戦は、一九三六年七月から一九三九年三月まで続きました。

　フランコ軍をドイツ、イタリアが、人民戦線をソ連がそれぞれ支持し、ファシズム対反ファシズムという、その後の第二次世界大戦を予見する戦いとなりました。

　しかし、勝利を収めたフランコ将軍は第二次世界大戦に参戦することはなく、スペインは他のヨーロッパ諸国とは別の道を進むことになりました。それは、事実上の鎖国で中央集権化でした。

　当時のフランコ政権は、サン・セバスチャンを有するバスク地方やバルセロナがあるカタルーニャ地方の独自文化を一切認めず、すべて中央政府がコントロールする形で（圧政を敷く形で）、官僚主義として画一的な国家運営を長い間続け、国は疲弊しました。僕は、この様相が現在の日本に近く思えてなりません。

抑圧されたバスク文化の復活

その後、一九七五年十一月にフランコ将軍が没すると、スペインに立憲君主制の時代が訪れます。王政でもなく官僚主導でもない市民のための開かれた国として、あたらしいスペインの歴史の幕開けとなります。

このとき、本当のグローバル化がはじまりました。まずは、輸入禁止されていた文化が隣国フランスから続々とやってきます。まるで、時間軸を飛び越えるようにハードロックとへヴィメタルが同時に渡西するようなことが起きます。

そしてさらに、フランスからやってきた「食の革命」と言われるヌーベル・キュイジーヌが、フランスと隣接していたサン・セバスチャンに訪れるのです。ここから、サン・セバスチャンの食の都としての歴史がはじまることになります。

さて、そのサン・セバスチャンの食文化の前に、話をもう一度スペインの歴史的時間軸に戻し、さらに地域分権の成り立ちを考察しておきたいと思います。

八〇年代に本格的に開かれた国になったスペインは、「国」より「地域」を重んじました。それは、フランコ時代の中央集権化の圧政によって閉ざされていた言語や文化の開放でもあったのです。

サン・セバスチャンでは、日常的に話していたバスク語が禁止され、バルセロナではカタルーニャ語が禁止されていた時代から、すべて解禁される（元通りになる）ことになりました。

スペインのサッカー、特にクラシコ戦と呼ばれるレアル・マドリード対FCバルセロナがいまだに大事な試合だと言われるのは、圧政時代に禁止されていたカタルーニャ語を話せるのが唯一サッカー場の「カンプノウ」スタジアムだけであり、その両者の試合は、まさに帝国軍と反乱軍の様相だったからです。

いまでもスタジアムにはその雰囲気があります。ですので、クラシコ戦の日は白い服を来て街に出るな！　とバルセロナの友人によく言われるものです。なぜなら、白はレアル・マドリードのチームカラーだからです。

二つの言葉で書かれた標識。上がバスク語、下がスペイン語

このように、圧政を経て八〇年代からは学校でも地域の言葉を教えはじめることになりました。ですので、フランコ時代に育ったいまの大人のなかには、その地域の言葉をちゃんと話せない人もいます。

そのような圧政の反動もあり、スペインは公用語として、スペイン語とその地域の言葉の両方があって、交通看板から市役所の書類まで、すべて二つの言語で書かれており、僕が見る限りほとんどの地域では、その地域の言葉が、まずはじめに書かれています。このあたりから、地域言語を大事にしていることがよくわかります。

この二つの言語は、似ているものもあれば、まったく異なるものもあります。日本でいうところの方言とは大きく違います。スペイン語の「こんにちは」は「Ola（オーラ）」ですが、バスク語では「Kaixo（カイショ）」ですから、別の言葉だと考えたほうがいいでしょう。結果的に、ほとんどのスペイン人はバイリンガルということになります。

バスク人だけのサッカーチームはなぜ強いか

八〇年代は圧政の反動で国家より地域に重きが置かれましたが、その反面、国としての団結力はいま一つだったと言われています。その典型例が、サッカーのナショナルチームです。

スペインサッカーは、世界的に見てもハイレベルであり、代表チームは「無敵艦隊」という別名を持っているほどです。しかし、ワールドカップなどの国際試合では優勝するほどの好成績を残すことができていませんでした。それは、地域間の関係性が選手間にも反映し、ナショナルチームなのに、マドリードの選手がバルセロナの選手にパスを出さないようなことが、頻繁に起こっていたからです。

この精神的な地域紛争が雪解けを迎えたのは、EUが統合してからだと言われます。一九九九年に通貨ユーロが統一され、二〇〇一年から市中にもユーロ紙幣が出回りました。すると、もはや国家の時代ではなく、まず各地域があり、その地域が協力して国家となり、その国家が協力してEUになるわけですので、スペイン各地域に協力体制ができました。すなわち、国家としてのスペインを各地域が考えるようになったのです。

そこで、サッカーのナショナルチームのレベルが一気にあがり、ついに二〇一〇年のワールドカップでは優勝するまでになりました。元々力のある選手が多かったので、二十一世紀に入って地域間の「協力関係」を築けたサッカーチームの活躍は目覚ましいものがありました。

世界一と言われるサッカーリーグ、リーガ・エスパニョーラを見れば、世界中の選手が集まってきています。そんなグローバルなリーガ・エスパニョーラで、頑固なチームが一つだけあります。絶対に地元の選手しか入れないチーム、それがサン・セバスチャンがあるバスク地方のチーム「アスレティック・ビルバオ」です。

「アスレティック・ビルバオ」は、バスク人のみでチームを構成しており、サッカーの国際化の流れの中で独自色を前面に押し出している異色のクラブです。

しかも、リーグ優勝八回を誇り、スペインを代表するクラブ「レアル・マドリード」、「FCバルセロナ」とともに、一度も二部リーグに降格したことがない名門クラブなのです。バスク人しかいないのに、これは驚きです。世界中に出向き、あたらしいものを取り入れながらも、頑《かたく》なに純血と自分たちの地を守ると言われるバスク人とは果たして何者なのでしょうか？

「バスク」とは何か

バスクとは何かについては、なかなか一言で説明するのが難しいですが、地理的には、これまで述べてきた現在のスペインのバスク自治州およびナバラ自治州、さらにフランス南西部のピレネー＝アトランティック県が該当します。

では、バスク人とは何かといえば、これは「バスク語を話す人」です。そのバスク人がいる領域が「バスクの地（エウスカレリア）」であるとしているのです。

このバスク語というのがまた謎の多い言語で、その起源をたどることが非常に難しいのです。言語学的にも、周辺に同類の言語を見つけることができません。この点は日本語に似ていると言えるかもしれません。

実は一口にバスク人といっても、バスク語にはいくつかの方言があり、その方言によってビスカヤ人、ギプスコア人、ナバラ人など、生まれた土地と関連して細かく分類されているようです。

独自の言語とはいえ、バスク語は文字を持たなかったため、アルファベットを導入した結果、ラテン語系の隣接する諸言語の影響を強く受けており、バスク語のなかにはそれらの言語からの借用語がたくさんあります。一方で先にも述べたとおり、スペイン語（カスティーリャ語）とは基本的に大きく異なっています。

バスク人たちは、インド・ヨーロッパ語族がやってくる前から、この地に住んでいました。彼らが独自性を維持しつづけたのは、ローマ帝国の支配がここまで及ばなかったからだとされています。

歴史的にはローマから自治を許されたとなっていますが、実際はかつてローマ帝国が西へと向かい、スペイン全土をほぼ侵略した際、サン・セバスチャン直前の街まで占領できたのに、この街だけは、バスク人が屈強なため攻め入ることができなかったと言われています。

それほど、バスクの人々は屈強で頑固でこの地を守ることに命を賭《か》けていました。ですので、他のスペインの地域とは違って長い間ラテン民族の支配を受けずに独自の文化が育《はぐく》まれました。それは、まるで鎖国していたように。

こうしたこともあり、バスク人といえば「孤立・孤高」などのある種ステレオタイプなイメージで語られることになっているようです。

失われた「日本文明」

サミュエル・ハンチントンの『文明の衝突』によれば、現代社会は西欧文明、中華文明、日本文明、イスラム文明、ヒンドゥー文明、東方正教会文明、ラテンアメリカ文明、アフリカ文明の八つの文明が衝突する時代であるといいます。

日本が鎖国などを経て独自の文明であるとされる一方で、バスクなど小さな民族の文化は西欧文明のなかに含んで考えられるようです。

日本が一つの文明として独自の位置を占めていることについては誇らしくも感じられますが、しかし、サミュエル・ハンチントンの言う「日本文明」とは戦前までの日本を指し、現在の日本はバスクより西欧化していると思われます。それを痛切に感じるのは、アイデンティティのよりどころです。

例えば料理にしてみても、日本食という伝統ある分野を守りたいのであれば、いたずらに安さや派手さを求めるのではなく、自分たちの「地の味」に立ち戻ることをすべきです。

そう考えるなら、例えば本当の江戸前鮨《ずし》を食べるためには、まず東京湾を美味しい魚が獲れるようなきれいな海に維持することを目指す、そういうメンタリティを持つはずですが、実際には違います。

外食産業を見ていると、食を文化として考えるのではなく、西欧的な工業・商業として考えているように感じられます。もっと言えば、西欧化というより、グローバリゼーションの影であるチェーン化の大波を日本全土で受け入れている感が強くあります。

失われた二〇年と呼ばれる時代で失ったのは「お金」でも「時」でもなく、このサミュエル・ハンチントンが言う「日本文明」だと僕は思います。

日本とバスクの共通点とは

一方、家族人類学者エマニュエル・トッドによれば、サミュエル・ハンチントンの『文明の衝突』の分類は宗教、人種という概念から影響を受けすぎていると指摘しています。

トッドは、世界の家族型を婚姻のタイプや家族・親族間の対称性（平等性）によって七つの類型に分類しています（アフリカは別扱いにして、世界で計八類型）。彼はこの家族制度こそが社会の価値観を生み出すと考えます。

ここでは、トッドの提示した各類型について詳しく見ることはいたしませんが、実は、日本とスペイン北部（つまりバスク地方）は、「権威主義家族」として同一の類型に分類されているのです。

トッドによれば、この「権威主義家族」の特徴は、「相続上の規則によって兄弟間の不平等が定義されている──財産の全てを子供たちのうちの一人に相続」「結婚し相続する子供と両親の同居」「ふたりの兄弟の子供同士の結婚は僅少、もしくは無」（『世界の多様性』藤原書店）というものです。

この類型の民族では、すべての人間・民族は平等であるとは考えられず、自民族に対する文化的ナルシシズムが見られるとされます。

こうした家族類型の発達は、地理的には文化的周縁に古い形が、中心により新しい形が見られると考えられています。

ユーラシア大陸に外婚制・内婚制共同体家族があり、その外側にドイツや日本、そしてバスクに権威主義家族があり、さらにその外側にイギリス、フランス、東南アジアに核家族が存在する現状を考えると、これは、父系共同体家族がもっとも新しい形態であり、権威主義家族、核家族の順に古くなっていくことを示しているとするのです。

各民族のもっとも濃く小さな「つながり」の本質を僕は家族にみます。

少し余談ですが、現代において「つながり」を促進する重要なツールの一つであるSNSについて、トッドの考えに基づいて考察すると、欧米型と日本型のSNSの使い方は、おおまかに言えば、欧米型SNSは個人のプレゼンテーションを軸にしているのに対し、日本型のSNSは、中核者を軸にしたコミュニティ型です。

欧米だとマーク・ザッカーバーグ（フェイスブック創業者）のような、映画にもなるような個人が注目されるのに対し、日本だとSNSを活用する個人を中核的に緩やかな連携を作るシーンに注視することからも顕著です。

つまり、欧米は「核家族」型、日本は「権威主義家族」型だということです。

もし、トッドの考え方が正しい、もしくは社会の行き先の一つの可能性だとしたら、僕は日本のSNSは個人のプレゼンテーションの場ではなく、今後さらなるリーダー（個人）を軸とした共同体（すなわち大家族を作る共同体家族型）に向かうのではないか、と考えています。これは、バスクも同じであり、特定のリーダーを軸にした共同体として、今日の成功を見出すことができます。

バスクのイメージを悪化させたテロ集団

一方、いうなればこの民族優位性は、最悪の形をとって現われることになりました。それがＥＴＡ《エタ》（Euskadi Ta Askatasuna・バスク祖国と自由）です。ＥＴＡは、スペインのフランコ独裁政権による抑圧に反発し、一九五九年に結成されました。

スペインやフランスによって分割支配されているバスク人居住地域を一つの独立国家として分離させることを目標としており、度重なるテロ活動を行なっています。一九七三年には、フランコ政府の首相カレロ・ブランコを暗殺しました。

そのため、バスクといえば、このテロ集団であるＥＴＡのイメージが強くなりました。先ほども述べたように、バスクは、現在の地名で言えば、スペインのバスク州のビスカヤ県、ギプスコア県（ここにサン・セバスチャンが位置します）、アラバ県と、ナバラ州やフランス南西部のピレネー＝アトランティック県に位置するフランス領バスクのラブール、スール、バス＝ナヴァールが含まれ、国境を越えた動きになっているのです。

ＥＴＡによるテロの犠牲者は毎年五〇人くらい、多いときには一〇〇人近くになることもありました。テロは近年になっても続き、休戦協定を結んでいた一九九九年以外は毎年多くの犠牲者を出しつづけました。ＥＴＡによるテロの犠牲者はこれまでに八〇〇人以上に上るとも言われます。

しかし、二〇一一年十月二十日、ＥＴＡは、四〇年以上に及ぶ武装闘争の終結を宣言しました。バスク地方の地元紙ガラ（Gara）のウェブサイトに投稿された動画で、黒服に白いマスク、ベレー帽（バスク発祥の帽子です）姿のＥＴＡ戦闘員三人が武装闘争の完全終結を宣言したのです。

スペイン政府は、民主主義の歴史的な勝利だと、宣言を歓迎し、そのニュースは世界中をめぐりました。

この終結宣言は、バスク人にとっても喜ばしいことです。なぜなら、バスクの多くの人たちは、独立心はいまでもありますが、無差別テロを繰り返すＥＴＡを、バスクの恥だと思っていたからです。この終結宣言をもって、バスクはいよいよ本当の生まれ変わりをすることになるはずです。

世界中から注目を集めた「ビルバオ・モデル」

そのバスク州の中心的都市であるビルバオ。いまでも州人口の大半は、このビルバオに集中しています。かつて、ビルバオはとても裕福で先進的な都市でした。それは、十九世紀にビルバオ周辺で豊かな鉄鉱石が発見されたためで、十九世紀から二十世紀半ばにかけて、ビルバオはバスクの「産業革命」の中心となったのです。

鉄鋼業や造船業に加えて金融業も発達し、二十世紀のはじめにはスペインでもっとも裕福な都市の一つとなりました。しかし、アメリカの成長や一九七〇〜八〇年代にかけての経済危機もあって、こうした産業に陰りが見えはじめると、新たにサービス産業が発展しました。

特に九〇年代後半からはじまった「クリエイティブ・シティ」観光戦略は大成功を収め、いまは、都市再生にもっとも成功した欧州の都市として、その再生手法は世界各地で「ビルバオ・モデル」と呼ばれています。

クリエイティブ・シティ（創造都市）とは、チャールズ・ランドリーらによって提唱されてきたもので、「芸術や文化及びクリエイティブ・インダストリーとまちづくりの一体化を志向する新しい都市創造の概念」のことです。

ヨーロッパでは一九九〇年代から都市論や都市経済学などの分野で、こうしたクリエイティブ・シティの議論が盛んになってきました。

グローバル化による経済空洞化や高齢化による人口減少など、現代における先進国の都市が抱える問題を解決するためには、自由な市民の創造活動によって芸術や文化を育み、その創造性に基づいて革新的な産業の発展を起こすことが必要であるという考え方です。

ユネスコが、創造的・文化的な産業の育成、強化によって、都市の活性化を目指す世界の各都市に対し、文化の多様性の保護のための国際的な連携・相互交流を支援する「クリエイティブ・シティズ・ネットワーク」を二〇〇四年に設立するなど、都市計画における世界的な潮流となっています。日本からは、金沢市や名古屋市などがこのネットワークに加盟認定されています。

スペインでは、ビルバオの他にもバルセロナがこの「クリエイティブ・シティ」の例とされており、世界一の観光先進国スペインの成功は、地域ごとによるこのクリエイティブ・シティ＝創造都市戦略が大きいと言えます。

たった一つの美術館がビルバオを変えた

ビルバオは、こうした「クリエイティブ・シティ」のなかでも、もっとも成功した事例として世界中で一躍有名となりました。

現在のビルバオは、従来の工業から観光とサービス業に軸足を移すために大規模な再開発が年々続けられています。一九九五年に地下鉄、二〇〇二年に市電が開業していますが、何よりも一九九七年に開館したビルバオ・グッゲンハイム美術館の果たした役割は絶大なものでした。

このビルバオ・グッゲンハイム美術館は近現代美術を専門とし、ニューヨークにあるソロモン・R・グッゲンハイム財団の設立したグッゲンハイム美術館の分館の一つです。ヨーゼフ・ボイスやバスキア、デ・クーニングといった作家の作品を所蔵しています。

ウォルト・ディズニー・コンサートホールなどの作品で知られ、建築界のノーベル賞と呼ばれるプリツカー賞も受賞した建築家、フランク・ゲーリーによって設計された美術館の建物は非常に特徴的な外観をしており、全面チタンの戦艦のようにも見えます。こうした話題性もあって、この美術館は年間一〇〇万人ほどが訪れる一大観光スポットとなりました。

実はこの美術館の建設費はバスク自治州政府が負担しています。しかし、開館五年で五一五万人が訪れ、七億七五〇〇万ユーロの経済効果をもたらしたと言われますから、その金額は、美術館建設費の約一〇倍に相当し、バスク州政府は投資額をわずか三年で回収した計算になります。

こうして、一時代を過ぎてさびれかかった工業都市だったビルバオは、芸術を起爆剤として斬新なイメージを吹き込み、都市としての活気を取り戻しました。何よりも、これら経済効果に加え、ビルバオの住民が、「自《みずか》ら暮らす都市や地域に対する誇りを回復したこと」がもっとも大きな財産だと僕は思います。

美術館誘致で観光都市として再生したこの成功例は、「ビルバオ効果」と呼ばれ、都市開発のモデルとして世界中から注目を集めています。

ただ、では街に大きな美術館を建てればうまくいくのかといえば、そういうことではありません。

ビルバオには世界遺産となったビスカヤ橋もあり、それを活かした観光政策も大きかったと思います。ビスカヤ橋は一八九三年に建設された、ネルビオン川にかかる世界最古の運搬橋です。

運搬橋とは、日本ではあまり馴染《なじ》みがありませんが、橋桁《はしげた》が高いところにあって、人や荷物はそこから吊されたゴンドラに載せて運搬するという種類の橋です。川の交通の妨げにならないという利点があります。スペイン内戦時に爆破されたのですが、修復され、今も使用されています。

美術館の建設は、こうした観光資源も活かしたさまざまな都市再生プロジェクトの一つであり、それと同時に、官民が協力して、さまざまな施策が実行されてきたことを忘れてはいけません。

弱点を逆手にとったサン・セバスチャンの戦略

このようにすぐ近くの都市ビルバオが観光で成功しているのだから、これからお話ししようとしている本書の舞台、サン・セバスチャンもそれを参考にして振興策を練ればいいではないかと思われるでしょう。

しかし、同じバスク自治州に所属する三つの県の県都という共通点があるとはいえ、スペイン北部屈指の工業都市として発展したビルバオと、中堅の港湾都市であるサン・セバスチャンでは規模が大きく異なります。

ですので、いくら地方分権が進み、観光戦略をその土地土地で自由に設計できるからといって、サン・セバスチャンにビルバオと同じほどの財政力や予算の割り当てを期待することはできません。観光振興のためには、やはりそれなりの「予算」や「売り」がなければ、できることにも限界がでてきます。それでは、なかなか観光客を増やすことはできません。

サン・セバスチャンの人口は、大成功した観光都市バルセロナの一〇分の一しかなく、また、ビルバオの半分ほどです。

バルセロナやビルバオのようなそれなりに大きな都市では、ビルバオ・グッゲンハイム美術館のような大型プロジェクトに投資ができますが、サン・セバスチャンは人口わずか一八万人の都市であり、困ったことにビルバオから一時間で来られる「半端」な距離でもあります。

なにもかもが「半端」なサン・セバスチャンは、九〇年代のビルバオの大躍進に歯がゆい思いをしていました。なにしろ、ここには世界遺産もないどころか、太陽が「売り」のスペイン観光において、スペインでもっとも降雨量の多い街だからです。

サン・セバスチャンの年間降雨量は一四〇〇ミリを超えます。これは東京とほぼ同じです。中でもスペインへの観光客が多い秋のハイシーズンである十月から十一月が、年間でもっとも雨が多く降るのです。

最近でも二〇一〇年十月から二〇一一年五月までの半年は、ちゃんと晴れた日が一日もなかったと、サン・セバスチャンの人々は話します。

しかし、これをいくら悩んでも解決する術はありません。そこで、この雨が多い地域を逆手にとって、最近は「グリーン・スペイン（España Verde）」と名付けた観光キャンペーンを展開しています。イベリア半島最西端に位置するガリシア州から東に向かって、アストゥリアス州、カンタブリア州、バスク州の四つの州がこの名前で呼ばれ、あたらしい地域スローガンとして観光キャンペーンに使用されています。

この地域は、年間を通して降雨量が多いため、一般的な「灼熱《しゃくねつ》の太陽の国スペイン」とは、まったく異なった地域です。

まるで、アイルランドかスコットランドのような緑の大地が広がり、一説には紀元前からこの辺りに住んでいたとも言われるケルト民族の時代を思い起こさせます、と観光キャンペーン上は謳《うた》っており、弱点を「売り」のポイントに見事にすり替えていると僕は思います。

実際、「グリーン・スペイン」は、砂漠同然の南スペインから比べると、水が豊富で美味しい野菜が作れることを意味し、結果、スペイン一の野菜が、この「グリーン・スペイン」地域で獲れているのも事実です。このような背景があり、サン・セバスチャンでは、旬の地元の美味しい野菜を、そして牧草をたっぷり食べた牛を、さらにこの地方の豊かな海産物を手に入れることができました。

このことが、今日、「ヌエバ・コッシーナ」と呼ばれ、世界中から人を集める料理を生み出す土壌となったのです。

第2部

サン・セバスチャンは なぜ美食世界一の街になれたのか

1 世界一の料理となった「ヌエバ・コッシーナ」とは

これまでにないあたらしい料理のムーブメント

今日のサン・セバスチャン成功の物語は、一九七〇年代後半からはじまります。世界中で放蕩《ほうとう》暮らしをしていたこの街出身の「不良」であった若いシェフ、アルサックは、フランスの料理革命と言われたヌーベル・キュイジーヌと出会い、強い感銘を受けます。

ヌーベル・キュイジーヌとは、「あたらしい料理」という意味のフランス語です。伝統的な料理に軽さとカジュアルさを取り入れた料理で、フランス料理界で一九七〇年代に流行しました。

伝統的なソースに象徴されるフランス料理を、カジュアルで軽めの味に変えました。

従来のフランス料理では使わない素材や、油を控えて、それまでにない料理法などを駆使したあたらしいフランス料理として人気を博しました。

ヌーベル・キュイジーヌを推進したのは、ポール・ボキューズ、ミシェル・ゲラール、クロード・ペロといったフランスのシェフたちです。

このあたらしいフランス料理界の革命に、若きサン・セバスチャンのシェフたちは、大きなインパクトを受けました。

「これを、自分たちのものにできないだろうか」。そう考えて（まるで、ティーンエイジャーがはじめてロックを聞いてバンドをはじめるように）「ヌーベル・キュイジーヌ・バスク」は、若いシェフたちの手によってはじまりました。

いままでのクラシックな料理法ではなく、地元の素晴らしい素材を活かしながら、若いシェフたちが旅をしつつ見てきた世界中のフレーバーを織り込み、見たこともない料理を作っていく。このときからアルサックを中心に、サン・セバスチャンのシェフたちは、辛抱強く長い時間をかけて斬新な挑戦をしていくのです。

気がつくと、ヌーベル・キュイジーヌの世界的ブームは去り、いまやアルサックたちが作り上げてきた料理は「ヌエバ・コッシーナ」（ヌーベル・キュイジーヌのスペイン語読み、共に「あたらしい料理」という意味。幅広い意味で使われる）と呼ばれるようになって、世界中を席巻《せっけん》しています。

そして、この地からはじまったスペインのヌエバ・コッシーナ・ムーブメントは、スペイン中に伝播《でんぱ》し、地中海側のスペイン、カタルーニャ地方にある、その後に「世界一予約のとれないレストラン」と呼ばれ、世界ナンバーワンレストランとされた「エル・ブリ」（二〇一一年夏に閉店）によって、「ヌエバ・コッシーナ」の名をさらに世界に知らしめたのです。

料理界の「印象派」革命

僕はこのヌエバ・コッシーナと呼ばれる現在のスペイン料理を、「印象派」の絵画のように感じます。印象派の絵画は、それまで王侯貴族のパトロネージュとそれに寄り添うアカデミーによって閉鎖的に作られていた画壇を、市民の日常として大きく開放しました。

同じようにヌエバ・コッシーナは、それまでお金持ちの美食家とそれに寄り添うアカデミーによって閉鎖的に作られていたフランス料理を、カジュアルにし、より洗練し、市民の日常として大きく開放したのです。

ですので、このサン・セバスチャンの一流のレストランに行く際の服装は、日常的な服装が好まれます。フレンチのようなジャケットやネクタイ着用を謳っている店（厳しいドレスコードを要求するレストラン）は皆無で、しかも、キメ過ぎで行くとむしろ浮いてしまうくらいです。

そして、かつてルネサンスが宗教改革に連動したように、またフランス革命が印象派という革命を美術界に起こしたように、フランコ亡きあとの静かなるスペイン革命は、多様化する宗教や商業的な美術シーンではなく、レストラン業界に革命を起こしたのです。

それは、かつての印象派がサロンの権威に反抗することで自由な絵として民衆のものになったように、あたらしい挑戦的な料理を誰もが気軽に楽しめるよう安価でカジュアルなものに、そして洗練された食の作品にしたことなのです。

また、印象派絵画の時代に画期的なツールが生まれました。それは、チューブ入り絵の具です。それまで画家たちは、絵の具を自分たちで作っていました。ですので、均質的な色が出ず、せっかくの意欲的なアイデアも絵の具の材料探しで挫折《ざせつ》してしまうこともありましたし、そもそも画材を気軽に外へ持ち出すことができませんでした。

しかし、チューブ入り絵の具が出たことで、画家たちはアイデアをいつでも、どこでも表現することが可能になったのです。

これとまったく同じことが近年のスペイン料理界でも起きています。あたらしいキッチンツールが、このヌエバ・コッシーナから続々と生まれたのです。

スペイン発のまったくあたらしい調理技法

世界トップシェフとなった「エル・ブリ」の料理長フェラン・アドリアが開発した「テクスチャーシリーズ」は、凝固剤を使って、肉や野菜など、あらゆるものを変形させ好きな形にすることを可能にしました。

このスペイン発の新しい調理技法は、素材そのものの味を変えることなく、安定剤、ゲル化剤、そして増粘剤等を使用し、まったくあたらしい「食感」をいつでも生み出すことができるようになったのです。

そして、料理からスタートした新しい技法は、今日ではデザート、菓子作り、そしてアイスクリーム等に応用されています。味はもちろんのこと、これらは、「食べられる彫刻」でもあり、まさに芸術作品です。

他にも「エスプーマ」と呼ばれるキッチンツールは、なんでも泡状にすることが可能な道具で、ヌエバ・コッシーナ・ムーブメントから登場しました。これを使えば、それまで思いつかなかったもの、例えば「味噌ポタージュ」でも「泡立て雲丹《うに》ムース」でも、日本の味覚をあたらしい食感として提案することだって可能です。

また、フランスで開発された真空調理も、あたらしい手法とツールの一つとして知れ渡るようになりました。これは、「焼く」「蒸す」「煮る」に次ぐ、第四の調理法とも呼ばれます。

これはその名の通り、ビニール袋に食材を入れて、中の空気を抜き調理する方法です。専用パックに下処理した食材と調味料を入れ、真空にして大型加熱器などで長時間加熱して、冷却・保存する調理法で、フランス新幹線（ＴＧＶ）の食堂車で採用され、世界的に注目を集めました。

ヌエバ・コッシーナでは、この「専用の真空にするビニール」が、あたらしいキッチンツールとして、いくつも開発されました。それは、既存のビニールをそのまま料理に使うことで、おかしな臭いがついてしまうのを防ぐためであり、また、耐久性の観点からも望まれたものです。

料理を科学に変える「分子料理」

このようなあたらしいツールを使って、まるで科学のように作られた料理は、今日「分子料理」と呼ばれています。

事の発端は、一九九二年、イタリアのエーリチェに科学者や料理人が集まり、伝統的な料理の科学的分析についての研究会を開催したことからはじまります。この研究会をハンガリーの物理学者ニコラス・クルティが「Molecular and Physical Gastronomy（分子・物理ガストロノミー）」という造語で命名したことによるものです。

それがフランスの物理化学者エルヴェ・ティスによって引き継がれ、さらに開花し、あたらしい「料理学問」として、分子ガストロノミー（Molecular Gastronomy）と呼ばれるようになったのです。分子ガストロノミーは、これまで料理人の経験に頼りがちだった料理の調理法を物理学や化学の知識を駆使して解明しようとする学問分野となりました。

「あらゆる料理は物理化学の式で表わせる」と、フランス国立農学研究室の教授エルヴェ・ティスは言います。ティスは、料理とは次の食材の四状態と分子活動の四状態の組み合わせによって表現できると考えました。

（食材の状態）
G（ガス）……気体
W（ウォーター）……液体
O（オイル）……油脂
S（ソリッド）……固体

（分子活動の状態）
／……分散
＋……併存
⊂……包含、結合
σ……重層

例えば、泡立てる前の生クリームは、「水の中に油脂が散らばっている」状態。式だと、
O/W（油脂　分散　水分）
「生クリームを泡立てる」という調理法は、油脂に空気を含ませるから、油脂（O）に空気を加え（＋）、その空気を含んだ油脂が水の中に散らばっている（／）状態。「式」でいうと、
（O+G）/W（油脂　加える　空気　分散　水分）

（『ブルータス』二〇〇五年五月一日号より）

こうした記号を用いて、実際にレシピを数式のように書き、メニューを分解します。ティスはその後さらに分子調理法を発展させた「単音調理法」を提唱しており、食材を和音になぞらえ、「料理は、音を分解して構成し直すシンセサイザーのような役割を果たすべきだ」とまで述べています。

このように言うと、そんなことありえないという反応が、主に伝統的な料理人の側からありそうですが、彼の目的は料理を単に式に還元することではありません。「化学は単純な原理を教えてくれます。そして、この原理は食品の分野にも適応できます。すなわち料理をつくるうえでのさまざまな作業の意味を教えてくれるのです」（『フランス料理の「なぜ」に答える』須山泰秀訳・柴田書店）と彼は著書に書いています。

分子調理法が画期的だったのは、これまで単なる経験則であった料理を科学的に検討することを可能にしたことです。また、料理の科学的分析というと、単なる成分の分析でしかなかったのを、あくまで美味しい料理を作るのに役立つものに変えることができたことでもあります。

エルヴェ・ティスはあくまでも物理学者で、その学術的研究を料理に仕上げるのはパートナーであるフランス人著名シェフ、ピエール・ガニェールです。この二人は共同作業をしており、その結果をまるで研究発表のようにガニェールのウェブサイトで公開し、あたらしい研究チームとして評価を受けています。

分子料理を使いこなす天才シェフたち

スペインの分子料理と言えば、「エル・ブリ」のフェラン・アドリアだと思われるかもしれませんが、実はフェラン手法の多くのオリジナルアイデアは別の人による場合が多く、例えば、料理に液体窒素を持ち込んだシェフは、ダニ・ガルシアです。

液体窒素は、地上での沸点はマイナス一九六度、つまり自然な状態ではもちろん気体の窒素です。「何でも瞬時に凍らせられるから」ということでガルシアは面白がって使いはじめたそうです。

食感や温度を変えられることと、スモークのような効果を生み出す液体窒素は料理に新鮮さを与え、誰もが食材に持つイメージを開放し、まったく別のものに仕立てることを可能にしました。

マラベージャ出身の若きシェフ、ダニ・ガルシアは一九七五年生まれで、一八歳のときに早くもマラガにあるラ・コンスラという調理師学校にて料理人としての道を歩みはじめました。

その後、一九九六年には、サン・セバスチャンの三つ星レストラン「マルティン・ベラサテギ」にて見習いの料理人になりました。そこで、サン・セバスチャンの料理界のさまざまな人たちと交わり、この地で基本精神を学びながら、料理人として大きな成長をし、地元であるマラガ地方のいくつかのレストランの立ち上げに参画しました。

一九九八年、ついに彼自身のレストラン「トラガブチェス」をロンダの街に開きます。その後、二〇〇五年にレストラン「カリマ」の料理長に就任。そしてついに二〇一〇年、スペインを代表する料理ガイド本「Gourmetour（グルメツアー）」の人気投票でナンバーワンシェフに選出され「南スペインにダニ・ガルシアあり」と世界中の注目を集め話題になりました。

続々と登場する「天才」シェフたち。いまやシェフは、サッカー選手と同じように、その街出身の大スターであり、象徴でもあります。

新たなレシピは料理研究室から生まれる

液体窒素を料理に持ち込むなど、サン・セバスチャンではじまった「ヌエバ・コッシーナ」の手法の一つである分子料理の世界的な成功で、他の街にはない特別な場所がレストランに併設されるようになりました。それは「料理研究室」です。

これは、日本ではまず見ることがない場所で（もしかしたら、研究室を冠した名前はあるかもしれませんが、実情はほど遠いと思います）、専任のスタッフが、調理法や料理を科学的に研究する場所です。この研究員は、レストランの料理を作らず、ひたすら研究に没頭しています。場合によっては、レシピを物理学の方程式で書くこともあります。

それまで料理というのは、シェフや親方の長年の経験や技術がモノを言っていました。まさに技術は教えるのではなく目で見て盗め、という世界です。そして、あたらしい料理は親方を中心に、空いている時間を工夫して考えられるのが常でした。

しかし、ここサン・セバスチャンでは違います。

主立った著名レストラン、例えば「アルサック」や「マルティン・ベラサテギ」、「アケラレ」などのレストランには「料理研究室」が併設されており、基本的には店舗営業にはタッチしない研究室専任の料理研究者が、まるで化学実験のようにあたらしいメニューを開発しています。

そう、ここは技術開発の場所であり、新商品開発の秘密のラボなのです。いうなれば、家電メーカーや自動車メーカーのR&D（リサーチ&ディベロップメント）部門やクリエイティブ・センターにあたります。

このような料理の「開発システム」を、日本のレストラン業界はまったく持っていません。

もちろん伝統を守るだけでも簡単ではないでしょうが、そればかりではあたらしい時代に対応しきれないでしょう。そのため、和食は伝統的な味を守りつづけることはできても、他では見たことがないようなあたらしい料理を作ることもできなければ、伝統料理を再解釈して刷新することもできていません。同じように、親方を中心とした徒弟的な仕組みは改善される兆候もありません。

ミシュラン三つ星レストラン「アルサック」。右上はアルサック氏と著者

このままでは、日本の料理界は世界に取り残されてしまうと危惧《きぐ》しています。

伝統から生まれる前衛的料理

研究室であたらしい料理を開発すると聞くと、とんでもない料理をイメージするかもしれませんが、サン・セバスチャンの新規開発された料理には特徴があり、どんなに奇抜な料理でも伝統料理が基本になっています。

サン・セバスチャンの伝統料理と「見た目が同じ」か「素材が同じ」の二方向しかないのです。一見、奇抜に見える前衛的料理も、実は伝統料理に裏づけられ

三つ星レストランとはいえ、とてもカジュアル。上が「アケラレ」、下が「マルティン・ベラサテギ」の建物

たものであり、だから、この地に足を運んでもらって食べることを良しとしています。なぜなら、昔もいまも、海産物や名産物は同じであり、それがサン・セバスチャンそのものだからです。

この街で料理をする、もしくは料理の研究をする、ということは、サン・セバスチャンを知ることを意味します。

東京湾で獲れた旬の魚を握るのが江戸前鮨の基本であったように、サン・セバスチャンを望むビスケー湾で獲れた魚を調理することが、いまも昔もサン・セバスチャンの基本なのです。

もし、僕が江戸前鮨をサン・セバスチャンの料理研究室風に強引に解釈すれば、ピンクのピンポン球のような一口サイズの食べ物があって、真ん中に細い緑の線が引いてあり、実はそれはマグロと酢メシ、すなわちトロの握りを分子調理法で再構築したもので、ピンクのピンポン球の真ん中にある細い緑の線は、わさびということになると思います。

これが伝統料理の再解釈ということで、先の二方向の後者である「素材が同じ」にあたります。見た目は、かなり前衛的でそのフォルムに違和感を覚える人もきっといるかもしれません。もしくは、その視覚的要素が味に影響を及ぼすこともあるでしょう。

どちらにしろ料理界は、いま革命が起きているのは間違いがなく、世界的な方向としては「伝統的な味を守る」ことと「あたらしい表現の追求」の二方向同時に進んでいます。

あるいはもっと進んで、「あたらしい表現の追求」をすることで、伝統的な味を新たに捉え直す時期にきているのかもしれません。なぜなら、伝統的な味は、その地の自然を知ることであり、一方で、現代の自然は、かつての自然とは異なったものになってしまっています。

その理由は、環境破壊や気候変動です。東京湾は一〇〇年前とは大きく異なります。その異なってしまった差異をアイデアやテクノロジーでつなごうとするのが、一見前衛的に見える料理なのかもしれません。

ですので、ここサン・セバスチャンでは、どんなに奇抜なあたらしい料理でも、

「見た目が同じ」か「素材が同じ」、間違いなくサン・セバスチャンでなければ食べられない料理なのです。

そして、少なくとも日本は「あたらしい表現」を料理で追求することに関しては、世界的な後進国のように僕には見えています。

世界一のレシピを公開したエル・ブリ

いったい、なぜ日本は「あたらしい表現」を料理で追求することに関して、世界的な後進国になってしまったのでしょうか。

実は、ここサン・セバスチャンにその秘密が隠されています。

いまから三〇年前、まるでフランス文化やヌーベル・キュイジーヌのカウンターカルチャーのように、アルサックを中心としたサン・セバスチャンの料理人がはじめた画期的なことは、皆で教えあう、ということです。

いままで料理業界は、いや、いまでも料理業界の多くは、完全なる徒弟制度で何年も皿洗いや店の掃除をしながら、「親方の技をそばで盗む」ことが、基本になっていました。これは、日本料理でもそうですが、フランス料理でも同じ仕組みです。

しかし、この方式では、あたらしい料理を追求しようにも、まず伝統的な味を覚えるのに何十年もかかり、いつまでたっても挑戦的な試みができません。また、この徒弟制度は、あたらしい試みそのものに否定的でもあります。

そこで、アルサックを中心としたサン・セバスチャンの料理人たちは、自分の技やどこかで習得した技、あたらしい技をお互い教えあうことからはじめました。

これだと、同じ仲間のレベルがいっせいに上がるだけではなく、あたらしい料理界の変化に大勢で取り組むので、お互いの理解度が高まります。さらに、極端な徒弟制度のようなものがありませんから、この世界に入った若い料理人でも、とても楽しく料理をすることを覚えます。

ここに、サン・セバスチャンのレストランのクオリティが急速に上がった最大の秘密があります。

いままでであれば、街に一軒の天才的シェフの店があって人気を集めているとすれば、そのシェフが自分のレシピや手法を同じ業界の人に教えることなど、とても考えられませんでした。

そのシェフはお客を独占したいでしょうし、競合他店と差をつけている部分を失うことを恐れるでしょう。それが普通の考え方です。

けれども、たった一軒のお店が集められる人には限りがありますし、そのシェフがいつまでもトップでいられるとは限りません。他の街にそこよりも美味しいレストランがあるとわかれば、その街自体に人がこなくなってしまうかもしれません。

ですが、街全体が美味しいと評判になれば、一軒だけでは集められないほどの人をその地へ呼び込むことができるでしょうし、一人では開発したり、作ることのできないような美味しい料理を出すことができるようになるかもしれません。

サン・セバスチャンのシェフたちは後者の可能性に賭けたのです。

このオープンマインドの姿勢こそが、サン・セバスチャンからはじまって、スペイン料理界を席巻し、若い優秀なシェフを次々と生み出している最大の秘密なのです。

先にも述べた、地中海に面したカタルーニャにある世界一のレストランとなった「エル・ブリ」も、驚くべきことに、毎年新メニューのレシピをすべて公開していました。

一部は書籍化もされているので、その気になれば、僕たちでも（分子料理の器具は必要ですが）世界一の料理を作ることができるのです。

既存のヒエラルキーや既得権益を打破するために、カウンターカルチャーとも言うべき料理人がとった策は、徒弟制度のピラミッドを打ち崩したオープン化戦略だったのです。

ヌエバ・コッシーナの父に学ぶオープンマインドの哲学

このサン・セバスチャンのオープンマインドの哲学的支柱になった人物がいます。ヌエバ・コッシーナの父と呼ばれるルイス・イリサールです。

現在、ルイス・イリサールは、サン・セバスチャンの料理学校の校長を務めています。この料理学校は、いまでは、スペイン一と言われるまでになりました。

ここの校長であるルイスのキャリアは、一六歳でホテルのレストランで働くことからはじまります。まず、ここで三年間は見習いとして勤め、そして、当時スペインで最高峰のレストランと言われていたマドリードの「ジョッキー」で働くことになりました。

その後、イギリスで人気だったスペイン・レストラン「バル・マルティネス」から仕事のオファーを受けて、イギリスに渡ります。ここでルイスは、転機を迎えます。

そもそも彼は、料理人でありながら、教えることも好きでした。イギリスではヒルトン・ホテルのチーフとなりましたが、同時に同じ職場の若者たちを教育する責任者ともなったのです。

そこで、シェフでもありながらホテルに入ってくるイギリス人の若者たちの教師として、同時に二つの仕事をし、料理を作ることよりむしろ教えるということのほうで、潜在的に持っていた能力が花開きはじめました。

このときにルイスは、このバスク地方で料理学校を開くことを考えるようになったのです。当時、スペインに料理学校と呼べる場所はマドリードにしかなく、セビリアにもう一つとても小さな学校があるだけの時代でした。

学校を開校することを考えたルイス・イリサールは、イギリスからスイスに渡りました。当時、料理学校の質がもっとも高かったスイスで多くを学び、一九六七年、つ

ヌエバ・コッシーナの父、ルイス・イリサール氏

スペイン最高峰と言われるルイス・イリサール料理学校の建物

いにバスクのサラウスに料理学校「Euromar」を創立しました。

その学校でルイスは三年間教鞭《きょうべん》をとり、優秀な生徒だったペドロ・スビハナ（現在サン・セバスチャンの三つ星レストラン「アケラレ」シェフ）に校長を任せ、もう一度料理人として、新規オープンするホテル・アルカラのシェフとしてマドリードに移ります。

そこで現場を再確認し（問題を見つけだし）、再び学校を開くべく、ついにサン・セバスチャンで自分の名前を冠した「ルイス・イリサール料理学校」を一九九二年に開校するのです。そして、いまではスペイン一の料理学校と呼ばれ栄誉を受けるようになりました。

「皆で教えあうこと」。これが、長年レストラン業界で働き教えてきたルイス・イリサール教育の基本中の基本です。このルイス・イリサールの考え方は、「料理は目で盗め」と言われていたフランスをはじめとする他国のレストラン業界では考えられないことでした。

食の世代交代を目指すルイス・イリサール料理学校

現在、ルイス・イリサールの料理学校は、サン・セバスチャンの旧市街の港を望む位置にあります。一九九二年に創立されてから一貫して若手シェフの育成を重視し、食の世界の世代交代に寄与し、飲食店業のさらなる需要に応《こた》えるために質の高いシェフを育てることを目的としています。

僕は、彼に会いにいき、その哲学を伺いました。

まず、基本的な教育方針として、しっかりとした理論上の知識と技術を学ぶことを第一としています。そして、ここでの経験によって職業に対する現実的な考え方ができることも重要視しているため、授業では初期段階から料理業界の現場での実践も組み込まれています。

また、授業ではインターナショナルな料理の基礎を学び、スペインの各地方料理や、同様に現代のあたらしい傾向の料理についても実技の授業を通じて学びます。この学校は私立で、二年間の授業は公認されたものではありませんが、「プロの料理人」としてのライセンスをもらうことはできます。

また、七月～八月にかけてプロとアマチュアを対象にして五日間の料理教室もこの学校で開催しています。テーマは週によって異なっています。

通常の授業では最初の一年に基本料理を覚えます。その基本料理とは、フランス料理とともにバスク料理です。それは、まずここがバスク地方にあるということと、この地の料理がとても高い水準の料理であるといった理由からだそうです。

二年目の授業からは、わずかながらイタリア料理やインド、ペルー、メキシコ料理なども学びます。ただこれらの料理は環境、時間的な余裕がないために専門化までには至りません。

他にもバスク地方以外のスペイン料理も学びます。パエリアや、アロス・ア・バンダ（具と米を別に炊く魚介のパエリア）、コシド・マドリレーニョ（マドリード風煮込み）、プルポ・ガジェーゴ（ガリシア風タコの煮物）といった料理を学び、同時に一般的な世界地理も理解します。それは、地理と食材が大きく関係しているからであり、多くの世界を実際に見てきたシェフは、その味の幅が広がると考えられています。

そのうえ、料理法だけでなくシェフが知らなくてはならない、時間に正確であること、清掃、味覚、仕事人でいられるかといったことなども厳しく教えるそうです。

もちろん、実学だけでなく料理の理論も重要とされています。生徒たちはテキストを正しく理解できる能力が必要ですし、その素材のルーツを学び、毎日異なった多彩なメニューを作製しなくてはなりません。

前菜、メイン、デザートだけではなくパンも準備します。そして時間があればメニュー以外にもう一品を作ります。今日は野ウズラのテリーヌを覚えたら、別の日はチピロネスのチャングーロ詰めといったようにすべてを知るために多様化させているそうです。

かつては、ほとんどの生徒がバスク地方出身者でしたが、最近はバスク人の割合は少なくなっているそうです。いまでは三五％がバスク人で、その他は日本、アメリカ、イスラエル、韓国、メキシコ、コロンビア、アルゼンチンその他にもスペインの各地からの生徒がいます。

この学校の学生人数は最大五二名で、一クラス二六名の生徒、二クラス制度です。二年後には卒業して仕事に就いていますが、まずはアシスタントとして雇われます。

二年では事実上のプロとしては認められません。

とにかく常に誠実であることを叩き込み、何でも知っていると驕《おご》りを持たず、多くのシェフの下で耐え、冷静な思考力で多くを学んで吸収し最高のアシスタントとして認められる。そういったことが、ここでの基本方針となっていると言います。

「ここで習う大切なことは、料理とは味より愛であり、その地を愛し、お客様や共に働く仲間を大切にする気持ちです。技術やビジネスは二の次なのです」とルイスは何度も僕に話しました。

2 サン・セバスチャンの食文化

サン・セバスチャンの名物「ピンチョス」とは

バスク地方の特色として「教えることに惜しむということをしない」という理由から、多くのレストランそのものが学校の役割をしているとも言えます。

このような街中に溢《あふ》れるオープンな姿勢、良い教育が幸いして、この地の料理のレベルは、全般的に高くなりました。なかでも皆で教えあうことで、一気に料理の質があがったのが、バルで出される小さな料理ピンチョス（単数形はピンチョ）です。

当初はバゲットパンを土台にして玉子焼きや、肉や、魚類を載せて落ちないように楊枝《ようじ》で刺したつまみを一般的にピンチョスと呼んでいたのが、楊枝が使われていないものや小皿料理まで最近はピンチョスと総称するようになってきました。

バスク地方はその食の伝統を大切にしてきた地方で、その多様性と質の高さで知られています。レストランやバルはその楽しみの場所であり、食べたり飲んだりするだけではなく、そこは友人たちと談笑する重要な場所ともなっています。小皿料理は、立ちながら談笑して、少し食べるのに向いているのです。

ピンチョスとはそもそも「串」の意味であり、おつまみのことをこう呼ぶのはバスクの文化圏だけで、その他の地方ではつまみのことはタパス（単数形はタパ）と呼ばれます。タパとは蓋《ふた》という意味で、かつてハエなどが多かったスペインで虫が入らないようにワインやビールのコップの上に小皿を置いて蓋をし、その上にちょっとしたつまみを置いたことからこう呼ぶそうです。

バスクの代表的なピンチョスは、「ヒルダ」と呼ばれるオリーブとアンチョビや酢漬けの青唐辛子が一緒に楊枝に刺さったものです。

もしかしたら、ピンチョスは日本で言えば鮨にたとえることができるかもしれません。鮨はかつて高級料理ではなく、ちょっとしたおつまみのような小皿料理でした。江戸時代には、鮨は今日のファストフード同様に、屋台で提供され、間食やおつまみ

元祖ピンチョスと呼ばれる「ヒルダ」。オリーブ、青唐辛子、アンチョビを楊枝に刺したもの

高級食材であるフォアグラもピンチョスに

のような存在だったのです。

ですので、ピンチョスは、本来の鮨のありかたに似ているとも言えます。片手にワイングラスを持ち、もう一つの手で、手を汚さないで食べ物を頬張《ほおば》ることができる。そしてこれを食べるのは一般的にはテーブルではなくカウンターというのも本来の江戸前鮨と似ているかもしれません。

これは余談ですが、関東大震災を機に、江戸前鮨の職人たちは全国に離散し、江戸前鮨は全国的なものになりました。そして日本のバブル経済崩壊とともに、鮨職人は世界に離散し、鮨は世界的なものになったのです。

一見、離れて見える食と経済は、実は密接な関係にあり、暗部が強調されることが多い今日のグローバリゼーションと日本食の世界的な評価は、実はとても近しい関係にあるのです。

バスク名産のワイン「チャコリ」

このピンチョスとともによく飲まれるお酒が、チャコリです。

チャコリはバスク地方で作られる白ワインで、味は若く、フレッシュで、フルーティーでわずかながらの酸味があり、バルなどでのピンチョスや魚介類の料理とも相性が良いワインです。

特にここ最近はチャコリに対する評価も高まっています。それはフレッシュでフルーティー、なおかつ軽く口当たりの良いワインが好まれている最近の傾向に合っているからかもしれませんし、多くの著名なシェフたちが、そのブームに火をつけているからかもしれません。

チャコリはバスク州の三つの県で生産されていますが、有名なものとしてはギプスコア県のゲタリア、ビスカヤ県のレケイティオといった産地が挙げられます。このワインは葡萄《ぶどう》が熟す前に収穫されるもので、度数はそれほど高くなく、一般的には九～一〇度程度です。チャコリの種類によって色も異なり、一般的には白ワインの透明なもの、その他にも赤や、「鳥の目」とも呼ばれるロゼもあります。

使用される葡萄は「Txakolineras」と呼ばれ、黄色みがかかった緑色の葡萄で、一般的な収穫は熟成具合によって九月もしくは十月に行なわれます。収穫され圧搾されて作られるジュースは、まずステンレスの樽もしくはタンクに貯蔵されて、空気と触れる状態で一週間から六週間発酵させられます。

伝統的な製造では、二月に氷結するような日が二、三回訪れたあとでなくては瓶詰めしてはならないと言われていたようです。

僕もピンチョスを食べにいくと、このチャコリをよくオーダーします。

チャコリの歴史は古く、十四世紀に葡萄の棚で使う木に対する税金の免除に関する、レケイティオ（ビスカヤ県）の記録に残っています。

ビスカヤ県には何世紀にもわたって素晴らしい葡萄畑があり、特にレケイティオでは一八五〇年に現在の量を上回る年間八〇万リットルが生産されていたようです。そのピークは十九世紀の中頃までで、その後、葡萄生産は小麦の生産に押されるようになってチャコリの生産量は下降線をたどります。

二十世紀の初頭にはフィロセラ害虫によって壊滅状態となりましたが、フランコが没し、地域分権がなされて地域文化に光があたった一九八〇年頃よりその再生に力が注がれるようになり、一九九四年に“Chacoli de Bizkaia - Bizkaiko Txakolina”と呼ば

チャコリは香りが引き立つよう高い所から注がれる

れるクオリティを評する原産地呼称がつけられるようにまでなりました。これに対してギプスコア県やアラバ県でも"Txakoli de Gipuzkoa""Txakoli de Euskadi"といった原産地呼称の認定を求める動きがあります。
　チャコリの種類としてはギプスコア県のゲタリアのものはHondarribiとZuriと呼ばれる二種類の葡萄が八五〜九〇％使用され、その他の一〇〜一五％はHondarribi Beltzaと呼ばれる種の葡萄が使われています。このタイプのチャコリは若い白ワインで、フルーティーでわらのような黄色をしています。度数は一

○・五度で軽い酸味が特徴的です。
テーブルでサービスされるときにはワインの香りがコップの中で引き立つように高い所から注がれます。ですので、ピンチョスを食べに行った際に、チャコリを頼むと、バーテンダーが威勢良く高い所からグラスに注いでくれるのも、見ているだけで楽しめます。

ビスカヤ県のチャコリはやはり同様に若く、フルーティーで軽いのですが、わずかに発泡性があります。これは、僕の好みです。このビスカヤ県も一般的には白ワインが生産されていますが、通称「鳥の目」と呼ばれるロゼもあります。この特徴は透き通った輝くような色があり、アルコール度数も一一度近くと少し高めです。

アラバ県のチャコリはカンタブリア地方に隣接した地方で生産されていて、葡萄はここの地方独特のHondarribi Zuri種が使用されています。このワインも若く、わらの色の黄色、その葡萄の持つ強いフルーティーな香り、バランスの良い酸味があり、軽い口当たりのワインで、白身の魚、肉、チーズなどと相性が良いです。

もし、サン・セバスチャンでピンチョスを食べる機会があれば、是非、このチャコりもいろいろ試してみるといいでしょう。

世界最高峰のシェフたちが学ぶ日本の味

フランスからはじまった近年の料理の新風で面白いと僕が思うのは、これまで紹介してきた最高峰のシェフたち――ヌーベル・キュイジーヌを作ったフランスのシェフ、ポール・ボキューズも、いまや世界一と言われる「エル・ブリ」のシェフ、フェラン・アドリアも、もちろんサン・セバスチャンのシェフ、アルサックやスビハナも――が、日本の懐石料理から多大なヒントを得ている点です。

僕自身、スペインでヌエバ・コッシーナを食べていると、「これは、未来の和食なのではないか？」と思うことが時々あります。

それもそのはず、ここ数十年世界を席巻してきた最先端の料理であるヌーベル・キュイジーヌもヌエバ・コッシーナも、実は僕らがよく知る和食から非常に大きな影響を受けているからなのです。

この和食をリスペクトする気鋭のシェフたちの気持ちは現在も続き、サン・セバスチャンを擁《よう》するバスク州の最大の都市であるビルバオから、二〇一〇年には税金で何人もの若手シェフが、京都に修業に出ています。

見習うべきは、彼らのグローバル・メンタリティです。世界の果てだろうがどこだろうが、出かけて行って素晴らしいものを尊敬し、学んで取り入れようとする心です。僕は、これが最先端の料理の秘密の一つだとサン・セバスチャンで学びました。

パエリアもリゾットもミニチュア料理に

他の街には見られないサン・セバスチャンの料理の一つに「ミニチュア料理」があります。もしかしたら、これも日本的アイデアなのかもしれません。

これは、レストランではなく街中の立ち飲み酒場のような店にある「コシーナ・エン・ミニアトゥーラ」と呼ばれる小さいサイズ＝ミニチュアの一品料理で、このバスク地方の小皿料理「ピンチョス」の進化系です。

このミニチュアサイズ料理の発祥は、とある一店が座って食べるレストラン免許を取得できなかった際に、苦肉の策として考案したバルで出すあたらしいおつまみのアイデアがはじまりでした。

その後、スペイン名物のパエリアやリゾットも、すべてミニチュアサイズにして出すアイデアを街中でシェアし、いまやミニチュア料理は、この街の名物になりました。

日本には、幕の内弁当というういろいろな料理が入っているお弁当があります。玉子焼きからパスタまで入っている和洋折衷《せっちゅう》の幕の内弁当は、日本の老若男女に不動の人気を誇っていますが、このミニチュアサイズの料理は、まさに幕の内弁当の一つのおかずのサイズと同じです。

ミニチュアサイズのパエリアや、トルティージャと呼ばれるスペインの玉子焼き（スパニッシュオムレツ）を並べて食べていると、僕は幕の内弁当や日本のお子様ランチを思い出します。

海外で食事をしていると、その大きさ（量）に参ってしまうこともよくありますが、少しずつ美味しいものを食べるのは、きっと多くの日本人の好みにも合うことでしょう。

バスク国旗にちなんだソース文化

またサン・セバスチャンの料理が、他のスペインの地域と大きく違う理由の一つに「ソース」があります。

いまでもスペインのほとんどの地域は、焼いたり煮たりする調理が基本です。フランスと隣接していた大西洋側のバスクのサン・セバスチャンと、地中海側のカタルーニャ地方だけが、フランスからソース文化をいまも引きついでいるのです。

元々、このサン・セバスチャンは、フランス王室の避暑地として有名な場所でした。十九世紀に王族の避暑地として栄えたことで、貴族やブルジョワの家の使用人として厨房へ入った女性たちが、当時最先端の料理に触れることができたことがとても大きかったようです。それが今日に連なるソース文化の発祥となりました。

なにしろ川を越えれば最先端の文化があるフランスです。当時はビアリッツ（国境を越えたフランス・バスク）とサン・セバスチャンでは両国の王侯貴族の間に頻繁に交流があったと記されています。

その後、その交流は二十世紀に入っても続き、産業革命で革命的に変貌を遂げたバ

バスクの国旗。地が赤、十字が白、斜めの線が緑色

スク地方では、貴族の代わりにブルジョワ階級が台頭し、その多くはサン・セバスチャンにお屋敷か避暑地を持っていたため、贅沢《ぜいたく》産業も栄えることになります。その一つがレストランの「ソース」だったのです。

ところで、スペインの自治州には国旗とも言うべき、その地域の旗があります。

バスクの国旗は緑と赤そして白の三色から構成されていて、緑はバスクの豊かな自然の緑を表わし、赤はバスク人の血の色を表わしています（ちなみに白は十字に入っていて、クリスチャンの十字架を表わしています）。そのため、バスクでは旗以外にも緑と赤と白の色を使ったデザインをよく見かけるのです。

そして、バスク料理で多用されるソースも、この国旗にちなんで語られています。白はピルピルソース、赤は赤ピーマンソース、緑はパセリソースです。白のピルピルソースとは、オリーブオイルとニンニクで煮詰めたソースで、バスク名物のタラ（スペイン語でバカラオ）にあうソースです。

赤は、赤ピーマン（場合によってはパプリカ）から作られたソースで、緑のパセリソースは、イタリアンパセリから作られています。

このバスク国旗にちなんだ三色の三つのソースが、バスクで使われるソースの基本だと言われています。

肉は山へ、魚は海へ食べにいく

サン・セバスチャンの友人に聞くと、肉は山へ、魚は海へ食べにいくと言います。

サン・セバスチャンという街は海に面していて、街中、海産物で溢れていますが、美味しい肉は、どこに食べにいけばいいのだろう、と思って連れていってもらったのが、街の中心地から自動車で一五分ほどの、本当に山のなかにある店。

ここは、シードラ（サイダー酒）の酒蔵でもあります。樽からそのまま出すシードラを飲みながら（飲み放題です）、牛肉を炭火で焼いただけ。これが、実に美味しい。技巧に凝ったサン・セバスチャンのレストランとは別の、シンプルでクラシックな、ただ炭火で焼くだけの調理なのですが、これはこれで格別です。

このような街から少し離れた山のなかにあるステーキハウスは、サン・セバスチャン郊外に何店舗もあります。肉は山へ、魚は海へ食べにいく。こんな忘れていた当たり前のことを、サン・セバスチャンで改めて感じました。ちなみに、ステーキは食べられないほどお替わりがやってきます。

フェルミン・カルベトン通り

美食の街サン・セバスチャンと言われておりますが、なにより、ここの人たちこそが美食に目がありません。

旧市街にあるフェルミン・カルベトン通り（Fermín Carbetón）は、世界一路面飲食店が密集するストリートと呼ばれ、またサン・セバスチャンは、外食率がとても高い街であるのも特徴です。

その背景には、想像以上の男女平等があり、むしろ僕には、女性優位に見えます。後述しますが、実はこのあたりにもサン・セバスチャンの美食の秘密が窺《うかが》えます。はじめてサン・セバスチャンに行ったら、誰でもまず、この旧市街のフェルミン・カルベトン通りを目指しましょう（14ページ地図参照）。

食材の宝庫サン・セバスチャン

ここで、食材の宝庫と呼ばれる代表的なサン・セバスチャンの食材と、それを使った基本的な料理を見てみましょう。バスク料理は基本的にはバスク地方の素材を使った料理で、素材の産地で今日も革新的なメニューが生まれています。

いつの日か、サン・セバスチャンを訪れる際には、これを見ながら旬の味が楽しめると思いますし（レストランとピンチョス・バル一覧は、巻末にまとめてあります）、また、日本でも獲れる食材が多くありますので、もしかしたら、本書をきっかけに「美食の街を日本にも作ろう」とお考えの方や、「食で観光ビジネス」をお考えの地域の方には役立つかもしれません。

●野菜●

野菜料理といえば内陸部のアラバ県のエブロ川流域のものが一番有名です。ここではピーマン、ズッキーニ、いんげん、アーティチョーク、アスパラガス、ジャガイモといった多くの野菜が栽培されています。料理としてはそれらの野菜の温野菜のサラダ、メネストラがおすすめです。

◆きのこ……春にはペレチーコ（Perretxico）と呼ばれるきのこが出回っていますが、やはり本格的なシーズンは秋です。料理としてはシンプルににんにくと炒《いた》めるものが一般的。特にサン・セバスチャンのピンチョスのバル、ガンバラのカウンターにはいつも山のようなきのこが載っています。

◆ししとう……ピミエント・デ・ゲルニカ（Pimiento de gernika）は少し大きめなししとうです。これはオリーブオイルで素揚げにして塩を振って食べます。多くのピンチョスのバルで見られます。素材はその名のとおりビスカヤ県のゲルニカ産です。

◆アルビアス・ロハス・デ・トロサ（トロサ地方の黒豆）……料理は水で戻し腸詰などで味を出して煮込んだポタージュスープです。面白いのは唐辛子の酢漬けと交互に食べる習慣があること。素材の豆はギプスコア県の山間の街トロサで収穫されます。同様の豆はゲルニカやアラバ県のものも有名です。

◆ギンディージャス（唐辛子の酢漬け）……細い青い唐辛子の酢漬けで、それほど辛くはありません。夏のシーズンにはそのまま素揚げにしても食べます。酢漬けは豆のポタージュの添え物にして食べられます。そのほかにも先に紹介したヒルダと呼ばれるバスク独特のピンチョスがあります。素材はトロサの隣町イバラ産のものが有名です。

◆ピペラダ（Piperrada）……玉ねぎ、にんにく、赤と緑のピーマン、トマトを煮込んだもの。ラタトゥイユのようなソース。玉子焼きにしたり、肉料理の添え物にしたりします。

●海産物●

◆アングーラス・ア・ラ・ビルバイーナ……これはウナギの稚魚をにんにくとタカのつめを入れたオリーブオイルで炒《いた》めた料理。サン・セバスチャンでは一月二十日のサン・セバスチャンの祭日の前日にこれを食べる習慣があります。ウナギの稚魚は、最近は値段が高騰しているのでウナギの稚魚カマ（カニカマと同じ製法で作ったウナギの稚魚）を一般家庭では使っています。ちなみに、ビスカヤ県のアギナガという街はウナギの稚魚が獲れることで知られますし、ビルバオの北、ブトゥロンという街もアングーラス（ウナギの稚魚）で有名です。

◆イカの墨煮（Chipirones en su tinta）……これも代表的なバスク料理です。イカはピーマン、玉ねぎで炒めたチピロネス・ア・ロ・ペラジョ（Chipirones a lo pelayo）といった料理もあり。素材のチピロネス（小イカ）はバスクの海岸線でしたらどこでも獲れる素材。旬は夏ですが一年中あります。

バスクといえば、タラ料理、メルルーサ料理が有名です。メルルーサもタラの仲間です。この2種の魚はバスク地方でもっとも食べられている魚と言っても良いかと思います。焼いたり、オリーブオイルとこしょうでカルパッチョ風に食べる料理もあります。

素材のタラに関しては小さな漁港で小規模に加工されるものの他に、遠洋漁業によって捕獲されたタラは船上で塩漬けされ、そのまま工場に運ばれます。サン・セバスチャン郊外のエルナニやビルバオの郊外などにその工場が見られます。

◆トルティージャ・デ・バカラオ……塩ダラを戻したものをオムレツに入れて焼く料理。日本人にも好評です。

◆バカラオ・アル・ピルピル……アル・ピルピルというとオリーブオイル、にんにく、唐辛子を使った料理です。戻したタラを、にんにく、タカのつめ（タカのつめはほんの少しの辛味を出すだけ）を入れたオリーブオイルでゆっくり煮詰め、魚のゼラチンで乳化したソースを作るもの。

◆ココチャス・アル・ピルピル……タラの喉仏《のどぼとけ》のところの肉を集めてオリーブとにんにくと、唐辛子を使ってバカラオ・アル・ピルピルと同じように料理したもの。一般的にはメルルーサが使われます。

◆プルサルダ……これはポワローねぎとジャガイモで作るビシソワーズ（ポタージュ）のようなスープなのですが、タラを入れるバージョンもあります。

◆メルルーサ・ア・ラ・バスカ（メルルーサのバスク風）、メルルーサ・ラ・エン・サルサ・ベルデ（メルルーサのグリーンソース）とも呼ばれる……メルルーサをにんにくと少量の小麦粉の入ったオリーブオイルで煮詰め、ホワイト・アスパラガスやアサリとともに少量のスープを加えた料理。パセリが入っているので緑のソースと呼ばれる。

◆マルミタコ（Marmitako）……マグロもしくはかつおとジャガイモのトマト・ソース煮込み。とても一般的な料理で、この料理のコンクールなどが各地で開催されています。

料理とは関係ありませんが、バスク地方は美味しいツナの瓶詰めでも有名です。一般的にビンナガマグロとクロマグロが瓶詰めにされています。本当に美味しいもので日本のツナ缶とは比べ物にならず、間違いなく感動するでしょう。トロの部分だけを詰めたものもあり、田舎のほうでは自分たちでマグロやカツオを購入し、ビンで保存している家庭もあります。この瓶詰め工場はベルメオ、オンダロアといった港町でみることができます。

◆ベスーゴ・ア・ラ・ビルバイーナ（鯛のビルバオ風）……鯛をにんにくと少量のタカのつめ、オリーブオイルでソテーしたもの。鯛はそのまま炭火焼でも食べられます。

鯛で有名な街としてはギプスコア県のオリオがあり、六月十五日は鯛の日で鯛焼きコンクールが開かれます。これは炭火を使って誰が火の通し方が上手いか競うもの。ここにはレストラン「ムガリッツ」のシェフ、アンドニがおすすめのカッチーニャ（Katxina）と呼ばれるレストランがあります。オーナーの発明による炭火の強さがボタンで調整できる厨房があり、ここの炭火焼の魚が素晴らしいと評判。

◆アンチョアス・アル・アヒージョ……カタクチイワシをにんにく、タカのつめ、オリーブオイルで焼いた料理。日本人には必ずおすすめする一品。

素材としてのカタクチイワシは、バスクの海岸線ではどこでも獲れます。漁は三月十九日のサン・ヨセフの日に始まるのですが、このところ量が激減しているために禁漁時期が設けられています。

塩漬けのアンチョビ産業も盛んで、ギプスコア県ではイルン、パサッヘ、オリオ、ゲタリア。ビスカヤ県ではベルメオ、ムツリク、オンダロアといった街で生産されています（オンダロアには全国的に有名な缶詰会社、ORTIZがあり、ここのツナやアンチョビは有名）。

◆サーモン料理……料理方法はスモーク、マリネ、鉄板焼き、タルタル、テリーヌとさまざまな方法があります。

サーモンで有名な街としてはオンダリビア（ギプスコア県）があります。もしくはビダソア川を上る鮭が美味しいと有名です。というのも川が長くないために、川を上ってくる鮭の体力を消耗することなく、脂の乗った鮭が食べられるからです。

◆鯖料理……これは焼いた料理が一般的で、マリネもあります。

鯖の有名な町としてはムツリク（ビスカヤ県）があります。三月の最終土曜日に鯖の日というのがあり、鯖のいろいろな料理を試食できたりするお祭りが開催されています。

◆チャングロ（Txangurro）……タラバガニのようなカニの肉を玉ねぎ、人参、トマトで作ったアメリカンソースとともに混ぜてオーブンでグラタン状にした料理。ピンチョスのバルのメニューにはそのアレンジが見られます。

●肉料理●

肉といったらバスク地方の炭火焼の牛肉は有名です。マドリードなどでも美味しい牛肉を食べたいと思ったら一般的にバスク・レストランを選ぶ傾向があるくらいです。

◆チュレタ・デ・ブエイ・ア・ラ・パリージャ（去勢牛のステーキ）……「バスク地方で幸せ

に生きるのなら司祭か牛として生きるのが幸せ」と言われているほど、ここの牛は大事にされています。厩舎《きゆうしや》での短期間による育成方法ではなく、ほとんどの牛は放牧された状態で自然の牧草を食べ、細心の注意が払われて育てられています。

調理は一般的にしばらく置いた肉を炭火で焼き、赤ピーマンやギンディージャ(Gindilla)と呼ばれる唐辛子の焼いた物が添えられたりします。

アサドール(Asador・焼き物屋という意味)と呼ばれるレストランや、郊外などのシードレリア(シードル・レストラン)には必ずある定番メニューで、トロサの焼肉は特に有名です。

◈コルデロ……羊料理。これはアラバ地方での料理で、ミルクしか飲んでいない乳飲み子のローストは最高とされています。

◈イディアサバルのチーズ……数世紀にわたる伝統を持つチーズで原産地呼称がつけられています。ラチャ種羊のミルクで作る、最低二カ月以上熟成させる完熟チーズで、濃い味で軽い酸味がありますす。燻製《くんせい》したものとしていないものがあります。

以上が、主立ったバスク地方サン・セバスチャンの名産物と基本的な料理です。サン・セバスチャンに行かれた際には、是非ご参考にしてみてください。

謎の集団「美食倶楽部」の存在

サン・セバスチャンの美食の秘密は、まだまだあります。それは「美食倶楽部」と呼ばれる謎の集団です。

「美食倶楽部」と書くと、マンガ「美味しんぼ」に出てくる海原雄山《かいばらゆうざん》のような怖い人が、美味しいものを食べるためならなんでもする、というようなイメージがありますが、サン・セバスチャンの美食倶楽部、スペイン語で言うソシエダ・ガストロノミカ（Sociedad Gastronómica）と呼ばれている「美食倶楽部」は、この言葉でイメージされる究極の料理を追求するような秘密クラブのようなものではありません。

仲の良い男同士が集まって、ここで気のあった仲間たちと料理をし、それを楽しむところとして使われています。しかし、入会資格や会則は厳しく、街中に点在するクラブは、看板を出しているわけでもなく、旗をたてているだけで（旗をたてていればクラブ開催中の意）、知らない人が見たら、その存在すら気づかないでしょう。

このようなクラブがバスク地方には多く存在していて、特にサン・セバスチャンでは一〇〇軒以上の美食クラブが存在しているのです。

その内部は居酒屋かレストランのような雰囲気ですが、看板も出ていないので、外からはわかりません。内部は、大きな長いテーブルが置かれていて、大人数で食事ができるようになっているのが、どのクラブも共通の特徴です。厨房は大体その食堂に隣接していて、境がないところ（オープンキッチン）が一般的です。

それぞれのクラブによって会員の数は異なりますが、大体一〇〇人くらいの会員が参加していて、メンバーならその場所を自由に使うことができますし、もちろん彼らの友人ならゲストとして、ここに入ることも許されます。

ただ一般的には女人禁制で、男だけが集まるという仕組みになっているのがポイントです。これはイギリスのジェントルマンズ・クラブの発想にも似ています。実はバ

一般的な美食倶楽部の建物。外から見ただけではわからない

美食倶楽部の厨房。男による男のための料理が作られる

スクでは意外と女性が家庭内では実権を握っているようで、男性たちが息抜きで集まるようなところとして、この美食クラブの存在があるようです。

そう、バスクはいまも女性優位社会なのです。

先にも述べた家族人類学者エマニュエル・トッドによれば、「バスクの慣習では、長子相続による遺産の継承で、仮に長子が女性である場合は、女性を介して行なわれる」（前掲書）としており、伝統的に女性の権利が大きく認められていました。日本ももしかしたら、古くは女性優位社会だったのではないでしょうか。

この美食クラブは年会費二〇〜五〇ユーロほど。この年会費を払えば、厨房や食堂を自由に使うことができます。飲み物などは（ほとんど原価ですが）別途支払う必要があるとのこと。

メンバーは、気のあった仲間たちと好きなときに素材を持ち寄って夕食を作って食べて楽しんだり、ポーカーなどのカードゲームをするスペースとして使っています。サーブも各自で行なうセルフサービス式になっています。

料理担当はほとんどが素人ですが、料理好きの腕自慢の人間が担当し、味にはこだわりあるバスク人の男の料理ですので、どのクラブもなかなかのものが出ているようです。

しかも、この美食クラブ、料理人だからといって参加できないわけではありません。むしろ、サン・セバスチャンの世界的に著名なシェフのほとんどが、どこかのクラブに所属していますので、味のクオリティも推して測るべし、です。そして、さらにお互いにここで教えあうのですから、それは料理のレベルも上がるはずなのです。

美食倶楽部八〇周年パーティで明かされた秘密

先日、「AITZAKI」という伝統的な美食倶楽部「ガストロノミカ・エルカルテア(Gastronomica Elkartea)」の創立八〇周年パーティが開催されましたので、僕も伺ってこのクラブの秘密をお聞きしてきました。

まず、ここのクラブの入会資格は、会員二名の推薦を持っていることですが、実際は長いウエイティング・リストがあるそうで、多くの人が入会の順番待ちをしているそうです。ちなみに、今年入会できた人は、三年待ったとのことです。

美食倶楽部は食事だけでなく、社交の場でもある

一八歳以上が参加資格で、定員があり、市に申請をしなければいけません。現在の会員は、一二〇名。基本女人禁制ですが、ゲストは認められることもあります。

このクラブの目的は、簡単に言えば、大人の部活動のようなもので、同好の者たちが美味しい食事を食べながら、飲んで騒ぐような場所です。会員費は、月に三〇ユーロほど。会則もありますが、大切なのは会員同士の信頼関係です。会員になると、この場所の鍵を与えられ、自由に使うことができます。

この美食倶楽部の秘密は、二つあります。

実は、七〇年代まで続いたフランコ将軍圧政時代までは、いろいろなクラブを作るのが難しかった歴史的背景があります。だから、実は目的は別でも名目上「美食倶楽部」にしてカモフラージュに使っていたそうです。

もちろん実際は、どこのクラブでも美味しい食事は食べていたのでしょうが。なにしろ、サン・セバスチャンの人々は、美味しい食事に目がありませんし、食にうるさい人たちばかりですから。

そして、この美食倶楽部の秘密は、もう一つ。先に述べたとおり、バスクは基本的に女系社会で、いまも女性がとても偉いとされています。ですので、男の人たちが仕事場でも家庭でもなく、気兼ねなく騒げて楽しめる場所が必要なのです。この場所での会話などは奥さんには秘密なのでしょう。

もちろん、ここでは女性が料理を作るのは御法度《ごはっと》でしょう。「なにしろ、それが僕たちの楽しみだから」と、この会のメンバーの一人であるテレビ・エンジニアの方は教えてくれました。

もし、前述のトッドの分析が正しければ、バスクと近いと言われる日本の再起動の秘密は、社会的にも家庭的にも女性の地位向上なのかもしれません。

日本の縄文時代は女性社会だったと言われています。土偶など女性をかたどったものが根拠だそうですが、それだけで結論は出せないようです。

ただ、男性が狩猟・漁労に従事していたのに対して、食料供給の安定する採集や農業に従事していたのが女性なので女性の力が強かったのではという考えもあります。

弥生時代になると男性が農業の主力になってきます。

しかし、女性も重要な農業の担い手なので、女性の地位は低くないと見るべきでしょう。また、卑弥呼の例があるように男性による王権世襲は確立していません。

このような女系社会は、太古からの教えを守るバスクでは、いまも根付いています。

実は、この女系社会が権力志向のヒエラルキーを作った現代の男性型社会を駆逐する次の社会システムなのかもしれない、と僕はサン・セバスチャンの美食倶楽部で感じました。

数あるコンクールがレベルアップを促す

　また、サン・セバスチャンの料理の美味しさの秘密はもう一つ、「コンクール」の存在があげられます。

　ここサン・セバスチャンには、街の規模からは考えられないほど多くの料理コンクールがあるのです。最先端の料理を食べまくって、美食倶楽部でこっそり腕を磨いたら、次のステップは、プロ・アマの垣根なく腕自慢が集まるコンクールに出ることです。ピンチョスコンクールや炭火焼コンクール、ジントニック・コンクール、利き酒コンクールと、かなり幅広いコンクールが年中催されています。ここで優勝すれば注目を集め、プロのシェフであれば、世界的に名が知られること請け合いです。

　このコンクールのなかには、国際コンクールもありますので、アイデアと技術がある日本のシェフが、まるで道場破りのようにサン・セバスチャンのコンクールに出場するのも面白いのではないでしょうか。

　主立ったコンクールのリストは巻末に記載しました。プロでもアマでも日本から「出ることに意義がある」と僕は思います。きっと素晴らしい経験になるでしょう。

3 料理を「知的財産」にする

世界初の料理学会の誕生

一九九九年、サン・セバスチャンで画期的な催しが開催されました。世界初の料理学会です。

学会と言えば一般的に科学者や医者による非常にアカデミックな集まりですが、このサン・セバスチャンの人たちの目論みは、医学や科学と同じように料理をアカデミックにすることにありました。

それも、フランス料理界のような封建的な料理アカデミズムを壊し、知的生産物を皆でシェアするような、まったくあたらしいアカデミズムを作ること。それを目的としたのです。

その学会の名は「ロ・メホール・デ・ラ・ガストロノミア」。大成功に終わったこの学会は、ここで発表することで、料理を医学や科学技術と同様にアカデミックな知的生産物として世に知らしめることに成功したのです。

その後、この学会は二派にわかれ、現在は「LMG」そして「サン・セバスチャン・ガストロノミカ」という二つの学会として、さらに活発化しています。

学会と言ってもそこは料理、やはり最高峰のシェフたちが実際に調理を聴衆の前で行なうスタイルです。さらにシェフ同士で意見交換を行なったりもします。

また、このサン・セバスチャンの料理学会の成功を機に、スペイン国内で次々と料理学会が発足し、展示会も同時に行なわれ、バルセロナで開催されている世界最大の食の祭典「アリメンタリア」、気鋭の料理人が世界から集まることで有名な「マドリード・フュージョン」などと、スペインにおける料理の知的財産化は、とどまることを知りません。

これらもすべて、一九九九年のサン・セバスチャンの料理学会からはじまった流れなのです。

サッカー選手と並ぶスターになった料理人

この背景には、料理人の社会的地位の向上があります。

いままで、料理人という職業は、それほど地位が高い職業ではありませんでした。医者や科学者、弁護士など学術的に高い職種や、スポーツ選手や歌手などの人気職業より一段下に見られていたことは確かだと思います。

しかし、今日の料理人の社会的地位はかなり高いものになっています。

それは、先に述べたようなサン・セバスチャンの人たちによる学会の開催などによる知的財産化の賜物《たまもの》です。スペインの子供たちの夢は、かつては宇宙飛行士かサッカー選手でしたが、ここ数年は、そこにシェフが仲間入りするまでの人気職業になったのです。

日本の子供たちが、アニメ「キャプテン翼」を見てサッカー選手に憧《あこが》れたように、スペインの子供たちが見ていたテレビ番組は、アルサックの親友、カルロス・アルギニャーノの料理番組でした。

カルロス・アルギニャーノは、それまでのまじめな料理番組を、自身の独特のキャラクターを活かしてフード・エンターテイメント・ショーへと昇華しました。現在、スペインで活躍する若いシェフたちは、カルロス・アルギニャーノのフード・エンターテイメント・ショーを見て育ったのです。

テレビの影響力が大きいのは、世界中どこでも同じです。そして、あたりまえですが、それは料理の世界だけに限ったことではありません。

かつて日本でも美容師がテレビで活躍していた時代には、ティーンエイジャーのあこがれの職業に美容師がランクインしていたことがあります。

しかし、美容師の人気が一過性のブームに終わり、ただはやりのテレビ番組が作られただけになってしまったことは、個人的には残念に思います。なぜなら、世界中のヘアサロンで髪を切ることが多い僕からみれば、日本人の美容師のレベルはとても高いと感じるからです。

ですので、サン・セバスチャンが料理というものを独自の知的財産にしたのと同じく、ヘアデザイン自体を著作物のように、すなわち知的生産物化に成功すれば、少なくともアジアでは日本の美容師はさらに活躍し、社会的地位も大きく向上したことでしょう。

このように、ちょっとしたことで、そして一〇年ちょっとのわずかな時間で、予期せぬほどに世界は変わるのです。これはどんな業界にも言えることです。それをサン・セバスチャンの料理シーンでまざまざと学ぶことになりました。

料理を知的産業として輸出するという挑戦

二〇〇九年の報道によると、スペインを代表するシェフ、フェラン・アドリアがタパスの輸出を大々的にプロモーションする、と発表されました。映画や音楽と同じように、国家の一大産業として、本格的に「食」を輸出するというのです。

「Empresarios por el Mundo」によれば、セビリアで開催された第二回国際高級料理大会で、フェラン・アドリアは講演を行ない、その中で今が国外にスペインのタパスを売る最高の好機と捉えており、「国外に出ようという意欲があり、世界を理解している企業家がいる。我々には、支援するバックグラウンドや歴史がある」「世界には、多くのタパスに関連した事業を行なおうとする企業があり、国外輸出モデル構築のための調整を行なうよう行政に働きかけてきた」と語っています。

一見すると、何となく「そりゃ輸出すれば外貨も稼げるよね」くらいに思ってしまいがちですが、これは例えば特産品を作って海外に売り込みにいくといった発想とは根本的に異なります。

なぜなら、特産品、つまり完成品を海外に輸出しただけでは、その売り上げだけしか収入はありません。彼らは、そうではなくスペインの「タパス」や「ピンチョス」という文化そのものを輸出しようと目論んでいるのです。

こうした文化そのものが世界に広がれば、その経済効果は計り知れません。美味しいものを食べれば本場に行きたくなる人が現われるでしょうし、その国の食材や料理人が世界中から求められることになります。もちろん、企業にとってもビッグビジネスのチャンスが巡ってくるでしょう。

アメリカがハリウッド映画を世界に輸出したように、スペインはいま国家として「食」を世界に輸出する計画を持っているのです。

世界でもめずらしい、四年制の料理大学の誕生

この地で活躍する多くのシェフたちの夢は、料理をすることが他の学術研究のような社会的地位を持ち、医学や建築学のように大学資格になることでした。そして、ついにこの夢が、実現します。

二〇一一年秋「バスク・クリナリー・センター」と名付けられた四年制の大学が開校したのです。そこで、オープンしたばかりの学校に行って、お話を聞いてきました。

この大学を卒業した学生は、正式な四年制大学卒業の資格になります。このような資格を取れる料理学校があるのは、スペインとイタリア、そしてアメリカだけで、このスペインが他国の大学と違うのは、政府が大金を注いでいる点にあります。

スペイン政府、バスク州政府、ギプスコア県政府、そしてサン・セバスチャン市が一六億円ものお金を投じて、他に類を見ない設備をもった校舎を建築しました。そして、大学の運営は、私大のモンドラゴン大学に新設された「料理学科」として行なわれています。

さらに、このプロジェクトに協力している五つの会社（スペイン全土に展開する地元の

バスク・クリナリー・センターの建物。皿を重ねたような特徴ある外観

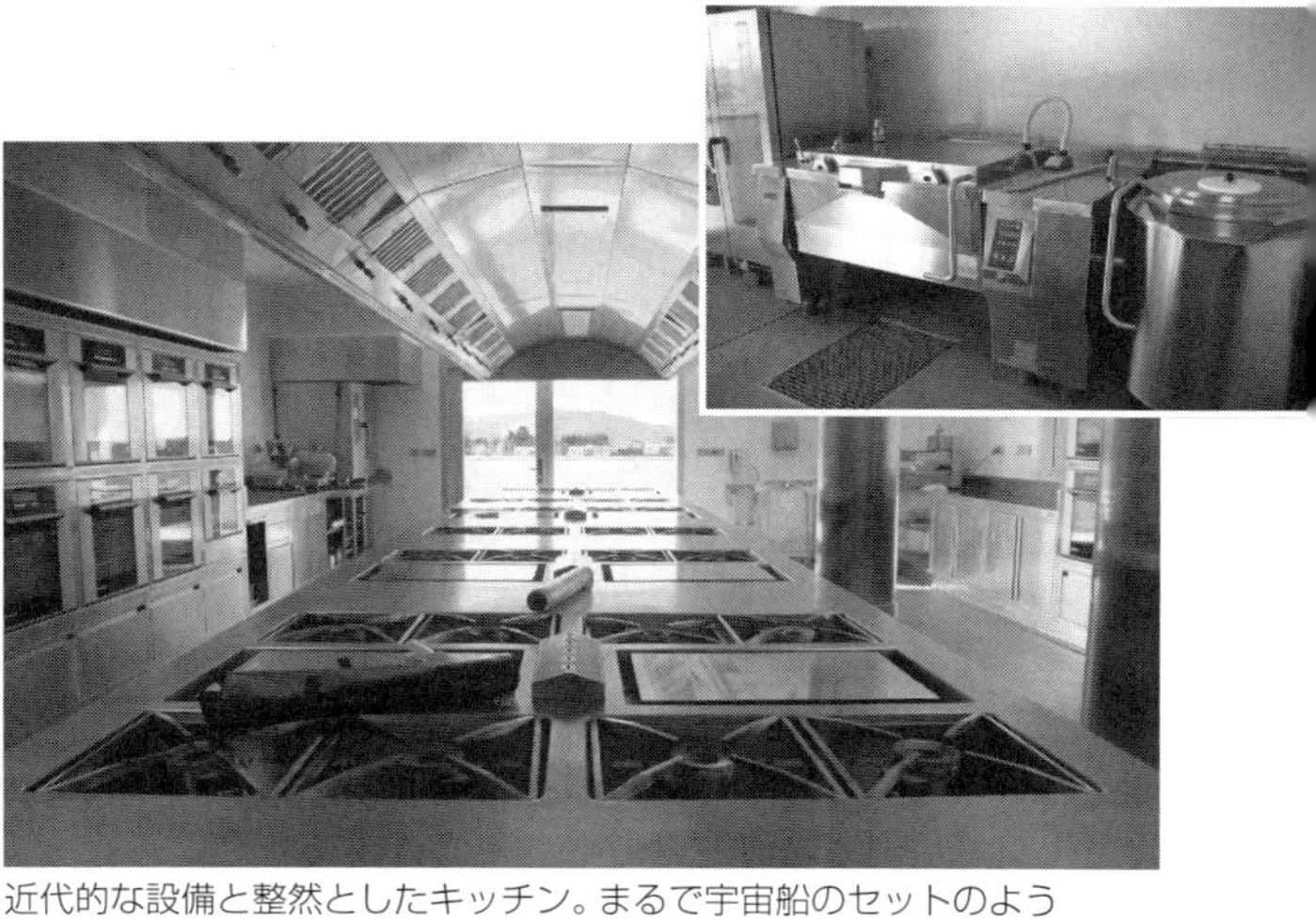

近代的な設備と整然としたキッチン。まるで宇宙船のセットのよう

大手スーパー・エロスキやビール会社・ハイネケンなど）があり、産業に直結しています。

また、イタリアにある料理の大学は、ここのようないわゆる「ヌエバ・コッシーナ」と呼ばれる先端的料理研究というよりは、スローフードに焦点をあてています。ですので、シェフになるというより、どちらかというと生産者に近いところにあるのが特徴です。

いま、料理の先端的な技法や研究をするなら、間違いなく世界でこの「バスク・クリナリー・センター」しかないと言えるでしょう。

この最先端料理大学とも言うべきプロジェクトは、二〇〇八年からはじまりました。それ以前には、料理には学術的な深さがないと考えられていましたが、この一〇年間のサン・セバスチャンの飲食産業を見るかぎり、それは大きな間違いです。そして、この大学はシェフだけを育てるのではありません。同時に経営やあらゆる研究調査と開発、いわゆる電機メーカーのようなR＆Dを学ぶことになります。

現在は開講して半年であり、初年度ということもあって学生は七〇名程度です。来年度から一〇〇名まで定員を増やす予定だそうです。現在は、二五％の学生が地元バスクからで、海外からの学生はメキシコ、ルーマニアなどからで七名、その他、スペインの各地域から入学しています。今後は海外からの学生を増やす方針だと言います。すでに初年度から倍率は五倍近くになっており、今後はもっと高まることが予想されます。大西洋を渡ってやってくるアメリカからの応募が、もう七〇人もあったそうです。

また、特別講師は、地元の著名シェフ以外にも「エル・ブリ」のフェラン・アドリア、イギリスの「ザ・ファット・ダック」のハンス・ブルメンタールなど世界の一流シェフばかりです。

授業はスペイン語と英語で行なわれ、毎日朝八時から午後三時半まで、実技が中心です。実技が多いのは、なにも知らない学生を一から教育しようと思っているからということでした。これは医学と同じです。

気になる学費は一年間で八〇〇〇ユーロ。いわゆる試験はなく、面接と簡単な実技があります。でも、ここで見るのはいわゆる料理の腕ではなく、反応や動き、そしてマインドだそうです。

なぜなら、もっとも重要視しているのは、学生のパッションだからで、入学時に料理の高い技術はまったく必要ありません。シェフは思ったよりハードな職業です。ですので、パッション、すなわちやる気を見るのです。これが、すべての料理人に一番大切なことですから、と何度も話していました。

この大学の教育指針も、やはり第一にパッションを育てることだそうです。そして、いろいろなルーツを教え考えさせる、さらに前衛であること。これが教育のコアだと言います。

シェフになるだけならレストランで修業していればいいと思われるかもしれませんが、この大学で学ぶことでそれ以上の経験を積み、将来独立するにあたってのノウハウを手に入れられることでしょう。ここの学生であるだけで、最先端の調理法やビジネスの理解を得るだけでなく、多くの協力者や業界のコネクションが手に入るからです。

これから五年か一〇年すれば、この大学からスーパーエリートとも言うべきシェフが業界に彗星《すいせい》のように登場し、いままでのシェフとは違った才能を発揮し、その後レストラン業界が大きく変わることになるでしょう。

ＩＴからＣＴ（クリナリー・テクノロジー）へ

僕は、この大学を訪ねて一番はじめに感じたのは、シリコンバレーとスタンフォード大学の関係です。

シリコンバレーはアメリカ、カリフォルニア州北部のサンフランシスコ・ベイエリアの南部、サンタクララバレーの辺りを指す名称で、実際の地名ではありません。ご存じの通り、インテルやアップル、グーグルなど、ＩＴ企業が密集していることで知られます。

もともとは農業地帯でしたが、それが大きく変化したのは、第二次大戦での軍事需要によって、この地に科学者や技術者が集まったことによります。背景には、一八九一年に設立された名門、スタンフォード大学の存在があげられます。

当時、ビジネスや工業の中心は東海岸であり、スタンフォードを卒業した学生たちもそちらへ就職してしまっていました。

そこで、地元に産業を発達させ、卒業生の就職先とすべく、大学は「スタンフォード・インダストリアル・パーク」を建設して、電子機器などの企業や研究所を誘致したり、学生に起業を促したりしたのです。

その施策は大きく実を結び、そこから現在にまで続くようなさまざまなベンチャー企業が生まれました。

その代表がヒューレット・パッカード（HP）です。スタンフォードの同級生であったウィリアム・ヒューレットとデイビッド・パッカードは、一九三七年、カリフォルニア州パロアルトのガレージで電子計測機器のメーカーとして会社を立ち上げます。ご存じの通り、HPはその後、世界に冠たるコンピューター・メーカーとして成長しました。

ここからは他にも、現在PCの半導体の最大シェアを誇るインテルなど、そうそうたる企業や研究所が立ち上がったのです。こうした半導体・コンピューター関連企業の一大拠点となったことから、「シリコン」（半導体の重要な原料となる）の名がついたのです。

その後もスタンフォード大学は、権威主義的な東海岸の大学とは一線を画した「実学」を中心とした教育研究を行ない、二十世紀後半のシリコンバレー発展に大きく貢献します。検索エンジンで世界最大のＩＴ企業となったグーグルの創業者であるラリー・ペイジとセルゲイ・ブリンもここの学生でした。

このスタンフォード大学とシリコンバレーの関係は、バスク・クリナリー・センターとサン・セバスチャンの関係に似ていると僕は感じます。

教育機関と密着した地域、そして新産業が生まれる可能性を感じるのです。いままで誰も料理を「知的生産物」として扱わず、レシピの「著作権」を主張してきませんでした。

著作権というと独占するためにあると思われがちですが、決してそうではありません。レシピが知的財産と認識されれば、素晴らしいアイデアを単に「一子相伝で途絶えたら終わり」としてしまうのではなく、「知的生産物」にすることで、その成果をより多くの人に役立てることができるようになるでしょう。そのためにも「著作権」を整える必要があると考えられているのです。

「バスク・クリナリー・センター」は、最高の料理人を育成するだけではなく、次世代の料理の概念を大きく変えようとしています。

いつの日か、料理にかかわる知識や技術が、ITのようにCT（クリナリー・テクノロジー、料理技術の意）と呼ばれる日が来るかもしれません。

観光産業の成功の次は、世界初の料理研究学園都市へ。サン・セバスチャンは、しばらく目が離せない街になりそうです。

「欧州文化首都」としてさらなる飛躍へ

サン・セバスチャンは、二〇一六年の「欧州文化首都」に決定したと発表されました（ちなみに同時にポーランドのヴロツワフが選出されました）。

欧州文化首都（European Capital of Culture）とは、EUのなかから毎年一つ（最近は複数の年もある）の都市を選定し、一年間、さまざまな芸術・文化的な行事を催すというものです。

一九八五年に当時ギリシャの文化大臣であったメリナ・メルクーリが提唱したこと

で始まり、「欧州文化の豊かさ・多様性に脚光を当てる」「欧州の中での互いの文化への出会いを促進し、理解を深める」などを目的としています。

当初は純粋な文化的側面だけでしたが、現在では観光客誘致効果が非常に大きいことから、経済的な政策としても注目を集めています。その結果、各都市間では我こそ候補地に、と競い合いが起きていると言います。

一九八五年のアテネから始まり、ベルリンやパリ、マドリードなど名だたる都市が選ばれていましたが、こうした経済効果を見越して、最近では少し小さめの都市へと主たる対象が移ってきているようです。

いずれにしても、この欧州文化首都に、これまでも述べてきたように大した観光資源もない、人口わずか一八万人の小都市サン・セバスチャンが選ばれたのは、この街が美食文化の街としてついに世界的に認められたといっても過言ではありません。

これまでの取り組みに加えて、欧州文化首都として今後は予算もつけてもらえるでしょうから、「世界一の美食の街　サン・セバスチャン」はこれからますます世界に知れ渡ることでしょう。

そのフィードバックが、この街の美食をますます進化させ、さらに多くの観光客を集めることになるはずです。それもこれも、食を文化にしようとする街や国をあげての取り組みが実を結んだ結果なのです。

4 サン・セバスチャンの成功から日本が学ぶべきこと

街の成長に必要なのは、個人のパッション

サン・セバスチャンは、二十一世紀初頭における小都市での産業クラスターの成功例であり、観光産業の成功都市であるのは間違いありません。

特に食文化による観光戦略の成功は、世界中の小都市がモデルにできないかと、専門家たちがこの街を研究していますが、日本ではまだまだ名前が知られていない小都市です。

世界中をまわって、面白いと思った題材を書いている僕が、この街で一冊書こうと思うほどですから、他にはないなにかがあるのは確かです。

では、その他の街にはないなにか、とはなんなのでしょうか。

それは第一にこの地の人たちの「パッション」だと思います。

なにかに熱中する熱い心がなによりも大切なことだと、多くのシェフや教育者と話しているとあらためて実感します。経験や知識なんて、重要じゃありません。そんなものは、やりながら覚えればいいんだ、と皆話すのです。

そして、その「パッション」は一時的なものでは仕方がありません。いつまでも継続する「パッション」を持ちつづけられるか。ここも大切だと、アルサックやイリサールなど、決して若いとは言えない料理人たちと話しても感じます。そう、彼らには、いまも「パッション」が溢れているからです。

世界の中での自分たちを知る

ただ、一方で「パッション」だけではどうしようもありません。二つめに大切なことは、「世界の中での自分たちを知る」ことです。地元の魚や食材が美味しいと思っている人は、どこにでもいます。

しかし、世界の端から端まで見渡して、自分たちの可能性を客観的に理解している人は、どれくらいいるのでしょうか。ここが、なによりも大切なポイントです。若きサン・セバスチャンのシェフたちは、世界中を旅して、再びサン・セバスチャンに戻りました。

また、いまのスペインの気鋭と言われる多くのシェフも、日々世界中を旅して、あたらしい食材やアイデアをインプットしています。

数年前に訪れたセビリアにある「エルブリ・ホテル」で食べた味が、あまりに懐かしかったので聞いてみると、隠し味に使っていたのは日本の「都こんぶ」でした。

もしかしたら、若い方では「都こんぶ」をご存じない方もいらっしゃるかもしれないですが、赤いガムのような縦長のパッケージに入った酢コンブです。「かつての日本の味」と言ってよいでしょう。

その「都こんぶ」を、セビリアにある「エルブリ・ホテル」では粉末状にして使っていたのです。話を聞くと、日本に旅行に行った際に、見つけてきたシェフがいたそうです。

このような、世界の面白い味をサンプリングし、リミックスする手法は、ＤＪとも似ています。

旅をしながら感覚を研ぎすまし、自分たちとは違う民族の、時には伝統的な、時には最先端のテイストを取り入れ、それを現代に合うようにリミックスし、提案する姿は、ＤＪもあたらしいシェフも同じなのかもしれませんし、それが、この時代のあらゆるクリエイティブな職種に求められていることなんだと実感します。

「階級」を知らない日本人

多くの日本人にとって、長い間、「世界」とはアメリカを指す言葉だったと思います。しかし、実際は違います。

だから、まずは本当の「世界」を知ることが、観光戦略を立案するうえで、もっとも大切なことだと僕は考えています。そして、日本はアジアにあります。ですので、アジアの近しい国々を知ることが、観光戦略を立案するうえで、地理的にも大切なことなのです。

世界のなかの日本を知ること。アジアのなかの日本を知ること。ここに日本の観光戦略の表層ではない、本質的な解決策があると思います。

その世界を知る顕著な例の一つに、「階級社会」があります。戦後、階級社会がなかった今日の日本人にはわかりづらい「階級」を知ることは、同時に海外からの観光客には、いろいろな階級の人たちがいて、それにあった旅のスタイルを提案できないといけない、と理解することにつながります。

例えば、世界の富裕層が泊まるホテルは、日本円にして最低一〇万円というホテルも少なくありません。しかし、日本で、最低一〇万円というホテルは一体何軒あるのでしょうか？

温泉宿で高価な宿泊先はあることにはありますが、必ず夕飯までセットになっていて、顧客の自由度は極めて低い場合が多く見受けられます。富裕層に限らず、現代の旅行客にとって、自分で夕飯を選ぶこと（選ばせること）は大切なこと（旅の醍醐味の一つ）です。顧客の自由を損なうのは、旅の楽しみを最初から奪っているにも等しいことです。

また、東京の有名和食店のほとんどは、かなり早い時間に閉まってしまいます。ラストオーダーが二〇時の店も多くあります。例えばフランス人が夕食をとるのは、二二時くらいのことも多く、こうした営業時間も、問題の一つです。

ですので、本書を読んで、もし日本のどこかに美食の街を作ろうと思う気骨のある人たちがいたら、あわせて、それなりの営業時間と、それなりの宿と、それなりの自由を顧客に提供する環境を、はじめから考えて作るべきでしょう。

先日、仕事で中国の富裕層向け日本旅行キャンペーンを打診されましたが、改めて考えてみると、日本国内で推薦できる富裕層向けの宿屋がある旅先を、簡単に見つけることができませんでした。

最低資産五〇〇億円の人たち向けの旅行先は、かつて中産階級国家だった日本では、ほとんど見当たらないのです。同時に必要なのは、この富裕層をケアするアテンダントでしょう。この人材もほとんどいまの日本にはいません。いわば、高級日本観光サービスのプロフェッショナルです。

その点、韓国済州島（チェジュ島）は、中国人向け富裕層専用マンションやカジノ、高度医療観光など、確実に時代にあった観光戦略を作っているように見えます。一般的にカジノの売り上げは、どこの国でもそうですが、九五％の一般客と、その売り上げ総額に等しいと言われる五％のハイローラー（高額を賭ける人たち）で成立していますので、場所柄富裕層の扱いになれている人たちも多くいます。

お金で手に入らないものを持っているのが「上流」

また「階級」とは、必ずしもお金を持っている人たちを指しません。上流階級＝富裕層ではないのです。

かつて、僕はロンドンで仕事をしていたときに、人前で自動車（の所有）が趣味だとは絶対言うな、と教えを受けたことがあります。

自動車を趣味にすることとは、お金を払えば誰にでもできることです。一方、クラシック音楽や美術、歴史や文学は、それなりの知識や教養がなければ話すことはできません。

モノやそれにまつわる情報はお金で瞬時に入手できても、知識や教養はお金を払っても、一朝一夕に身につけることはできません。欧州のクライアントの多くは、この上流階級や知識階級なので、車が趣味のような下品な話を人前でしたら、クリエイティブ能力とセンスを疑われる、というものでした。

ですので、いま、お金を持っている人たちを指すことが多い富裕層というターゲット設定も、実はどこかで的確ではなく、長い目で見た所得も知識もそれなりにある上流階級（本当の上客）を呼び込む戦略をしっかり練らねばなりません。

この上流階級や知識階級の興味を引ければ、あわせるように富裕層も取り込むことができますし、そのうえでわかっていてカジュアルに振る舞うこと（これがスペインの観光戦略）もできるのです。

観光戦略を練るには、どこにそのターゲットを絞るかが重要です。そして、そのためには、こちらもそれなりの知識や国際感覚を持たねばならない、ということなのです。

京都の次にどこへ行けばいいか

また、外国からのゲストの関心は、戦後、高度経済成長を成し遂げた日本の産業や企業にもありますが、文化や風土にはもっと関心があります。日本の観光目的は、「歴史と伝統文化に触れたい」、「現代文化（音楽、アニメ、ファッション等）」、「料理を楽しみたい」がトップ3です。次点が、ショッピング、自然景観などです。

特に知識階級層や旅慣れた旅行者は、歴史と文化にとても興味があり、すでに京都には数度訪れているが、次に訪れるような場所が見つからないことが（こちらから提案できていないことが）、現在の日本観光戦略の問題の一つで、観光に限らず顧客ビジネスで大事だと言われる大切なリピーター確保になかなかつながっていません。

レストランやテーマパークなどもそうですが、リピーター確保（それなりにお金がある上客）が、観光産業においても大切だからです。サン・セバスチャンやバルセロナの観光ビジネスがうまくいっている要因は、圧倒的にリピーターが多いからなのです。

また、日本の観光は、偉人を目玉にしている場所が多くあります。いくら知識層だからと言っても、坂本龍馬や西郷隆盛を、数日だけ滞在する外国人観光客に好きになれと言うのは、無理があります。ここには、かなりのコミュニケーションのアイデアと、もしかしたら根本的に戦略を練り直す必要があると思われます。

このようにターゲットを明確にし、セグメントを見直し、的確にコミュニケーションしなくては、予算の無駄になってしまう。

そう思い、一〇年ほど前に、沖縄ブーム創出を自分の仕事として考える際、僕はテレビの視聴率区分を参考にし、官僚に説明しました。

テレビの視聴率区分は、F1と呼ばれる二〇歳から三四歳までの女性（M1が同年代の男性）、F2と呼ばれる三五歳から四九歳までの女性（M2が同年代の男性）、F3が五〇歳以上の女性（M3が同年代の男性）、そしてティーンやシニアと、明確にコミュニケーションターゲットを絞り、有効的に広告を打っています。

例えば、お昼の番組はF2と呼ばれる主に主婦向け番組ですので洗剤の広告を流しますし、格闘技の番組は、M1と呼ばれる若い男性が中心的視聴者でしょうから、ひげ剃りの広告を流す、といった具合です。

そこで、沖縄の観光キャンペーンに、この視聴率区分を作り、目的別観光先を絞り込む作業に入りました。F1は、それほど世界遺産に興味がなく、ハワイの競合地として沖縄を考えていますので、ショッピングが必要です。またリゾート気分でリラックスを求めますので、高級リゾートホテルとＤＦＳ（免税店）が必要。Ｆ３は、世界遺産と伝統文化に圧倒的に興味が高い、など訴求ターゲットに分けて考えます。

共通興味は、食事でした。しかし、食事と言っても、Ｆ１は「ブルーシールアイスクリーム」なのに対し、Ｆ３は「豆腐よう」ですので、大きく異なります。これは、雑誌（読んでいる年齢層が明確に分けられているため）によって、訴求内容を変えることにしました。

このように、クラスターに分けて、コミュニケーションすることが、顧客にとっても、費用対効果においても大切なのです。

日本には信頼できる旅行ガイドはない

日本の観光戦略は、本当に不思議です。いまや英国ＢＢＣ傘下になった、世界でもっとも販売部数が多い旅行ガイド『ロンリープラネット』が選ぶ「二〇一一年世界の秘密の島々（The world's best secret islands）」で、沖縄の八重山諸島は第二位になりました（ちなみに第一位は、オーストラリアの島です）。

しかし、日本の観光産業の専門家と話すと、ほとんどの人は、このことを知りません。世界的な評価を受けているにもかかわらず、その事実も知らずに、コミュニケーションできるわけがありません。

いま、世界的な観光戦略は、サン・セバスチャンに限らず、特化したあるジャンルで、メディアに「格付けされること」を狙っています。それは、レストランだけではなく、ホテルも地域も、すべてです。

『ロンリープラネット』のように、せっかく、世界的な評価を先方から受けても、それを理解できない日本の現状が教えてくれるのは、逆に考えれば、日本に信頼できる旅行ガイド本が、いまもないことを指し示しているということなのです。すなわち、日本国内のメディアの問題なのです。

日本では、しっかりした旅行ガイドが皆無に等しく、雑誌サイズで派手な色使いをして、値段も安く目を引きますが、中身はタイアップ記事のようなモノが多く、また、記事先は広告主になる可能性もあるので、格付けすることはありません。

このようなトラベル・ジャーナリズムがない現状の日本の人たちが、海外からのゲストを呼び、満足してもらいたいと考えるのには、少し無理があります。まずは、国内でトラベル・ジャーナリズムを育て、しっかりと良い場所、良いホテル、良いレストランを厳しく評価する必要があるでしょう。

このような格付けがない結果、日本の観光産業界はメディアも含め「なあなあ」で進む護送船団方式のようにすべてがゆっくりと沈没に向かい、どこに行っても、センスのない土産物やさびれた看板ばかりで、日本のほとんどの観光地は二〇年変わっていないのです。

さらにひどいことに、各地方自治体が「ゆるキャラ」まで作って、ハッキリ言えば、あれは物笑いの種です。そんな観光ビジネスセンスで、海外からの観光客を現在の八〇〇万人から三〇〇〇万人（来年二〇一三年に一五〇〇万人）にすると言い張っているのですから、詐欺にも等しいと僕は思います。

極度の円安にならない限り、現在の施策では難しいでしょう。二十一世紀最大の産業と言われる観光産業が、いまだに建設中心の国土交通省の外局の管轄である間はダメなんだと思います。「失われた観光大国二〇年」を脱却するために、国家も各地域も早めのシステム変換に期待したいところです。

「いま」を信じる勇気を持つには

最後に大切なことは、時代性です。

伝統的な味を守りながら、いまの時代に合うように再提案することが、多くの人たちに好まれる理由だと思います。そのためには、「いま」を理解する必要があります。そして「いま」を理解するためには、歴史を理解する必要があるのです。

日本の山河豊かで美味しい食材が獲れる小都市にも、サン・セバスチャンのような世界的な観光都市に成長できる可能性がある街は多いと思いますが、一番欠けている視点は、「世界の中での自分たちを知る」ことと、「いま」を理解することにあります。

僕は仕事柄、日本中まわることがあり、世界的に見て可能性を感じる街も正直かなりあります。

しかし、それらの小都市は、自分たちのまわりと、日本の中央しか見ていません。

サン・セバスチャンの成功を見ればわかるように、大切なのはその国の中央政府との距離感と、世界的に見た自分たちの正しいポジショニングなのです。これを行政的にできる人材がいなければ、どんなにその小都市にパッションがある人たちがいても、なかなか変わりません。

また、「いま」を定義することも、実は大変勇気がいることです。歴史は過去のことであり、すでに決まったことですので定義されていますが、「いま」はこうである、と定義することは、勇気や決断が必要です。

もし、間違っていたらどうしよう、と考えている間は、常に後手にまわり、成功は遠のくばかりです。間違っていようがなにしようが、自分たちが信じる「いま」に自信を持つこと、これが大切だと思います。

世界一は控えめな気持ちから生まれる

そして、サン・セバスチャンで学んだもっとも大切な教えは、控えめな気持ちです。

フランスの有名シェフやレストラン、例えばロブションなどは、すぐに世界的に支店を増やします。ビジネスで考えれば、極めて当たり前のことなのですが、ここサン・セバスチャンの世界一流のレストランは、皆、支店を出そうとは考えていないようです。

なぜなら、この地で獲れた産物をここで出すのが彼らの姿勢であり、なによりこの地を誰よりも愛しているからです。ですので、彼らのレストランビジネスは、ビジネスではなく、この地の産業なのです。

今回、取材をするにあたり、驚いたことの一つに、アメリカ新大陸にコロンブスより先に到着したのがバスク人であるという話があります。

その昔、バスク人がタラを追いかけて遠くまで漁に出ていると、着いたのがのちのアメリカと呼ばれる新大陸でした。

しかし、バスク人はその新大陸を自らの領土として主張しなかったそうです。なぜなら、バスク人にとっての生活の地はバスク地方であり、バスクで充分であり、またバスクを愛しているから必要なかったそうです。

この何百年も続くバスクの考え方が、いまもバスクの有名レストランが他の街に出店しない理由なのだと思います。バスクで獲れた新鮮な魚や野菜を、バスクまでお越しいただいて食べていただく。この考え方を貫いた結果が、有名レストランの支店を他には作らない今日の姿勢につながっているのだと思います。

世界を知る。

そのうえで己を知る。身の丈を知る。

古いモノを守り、あたらしいモノを融合させ「いま」を考える。

そして、オープンな姿勢で、多くの者とシェアしてゆく。

この次の時代のヒントを、世界一の美食の街と言われるバスク地方サン・セバスチャンの食事や、ここで働く多くの人と触れあってなにより僕は感じます。

あとがき

昨今の日本は閉塞《へいそく》している、と言われています。

その問題から脱却するためにはどうしたらいいのだろうか、とよく尋ねられますが、閉塞の逆はオープン化に間違いないと僕は思っています。

個人や組織が蓄積してきた開放されるべき情報を閉ざしている間は、いつまでたっても閉塞感に溢れ、新陳代謝は行なわれずに、根幹から末端に至るまですべて停滞化し、やがては腐っていってしまう。これが、日本においてあらゆる場面で見られる現状なのでしょう。

では、なぜオープン化しないか、もしくはできないのでしょうか？

それは、あらゆる物事をオープン化することによって、既得権益や社会フレームが大きく変わってしまうからでしょう。

もしオープン化したら、大動乱になるかもしれない。それだったら、ゆっくりと朽ちたほうが良いと、既存フレームに寄り添う人たちは考えるのでしょう。これは、権威とアカデミズムに溺《おぼ》れたフランス料理の行方と同じなのです。

現在、スペイン料理が世界を席巻していると言えます。それは、料理業界に長く根付いていた徒弟制度や既得権益を打破することからはじまりました。

皆で教えあい、可能性を追求し、情報や技術をシェアし、地元を愛しながら、世界をまわって探し出したフレーバーを織り込む柔軟さを持ち、なにより食べることや作ることの楽しさを追求することだと思います。

どれも、今の時代には当たり前のことです。けれども、この当たり前のことが料理業界では長年できなかった「理想」とされていました。スペイン料理が世界を席巻している真の理由は、ただ単純に、どこまでも理想を追求したことです。そして、これは誰もが気づけばすぐに始められることなのです。

さて、小難しい話はどうでもよいと正直思います。是非、一度サン・セバスチャンに食べに行って、街を感じてほしいのです。

もしかしたら、なんだ、これくらいだったら我が街にも可能性があるじゃないか、と感じられる方も多いかもしれません。それほど、日本の小都市は山河溢れる自然が素晴らしい場所が多くあります。この、いまは小さいけど、やがて大きくなる可能性の集合が、日本の次世代の可能性だと、世界をまわって僕は思います。

本書は、サン・セバスチャンに一〇〇回は通ったという在スペイン三〇年の守屋さんと、サン・セバスチャンに一五年住み、フードコンサルティングを手がけている山口さんの全面協力によってできあがりました。この場を借りて感謝申し上げると同時に、なにより、お二人の飽くなき美食の追求に敬意を表します。インターネットを通じて出会ったこの地の友人にもとても助けられました。

日々、世界をまわればまわるほど、僕は日本の眠れる可能性を感じます。その可能性が大きく花開くのを、誰よりも楽しみにしています。

北京にて著者記す

■主な参考文献

岩根圀和『物語スペインの歴史』中公新書
エマニュエル・トッド、荻野文隆訳『世界の多様性』藤原書店
エルヴェ・ティス、須山泰秀訳『フランス料理の「なぜ」に答える』柴田書店
吉本光宏「スペイン／ビルバオ市における都市再生のチャレンジ」、『文化による都市の再生～欧州の事例から』国際交流基金・編 所収
渡部哲郎『バスクとバスク人』平凡社新書
『ブルータス』二〇〇五年五月一日号（マガジンハウス）

その他インターネット上の情報などを参考にさせていただいた。

グロス地区、エンサンチェ地区、その他

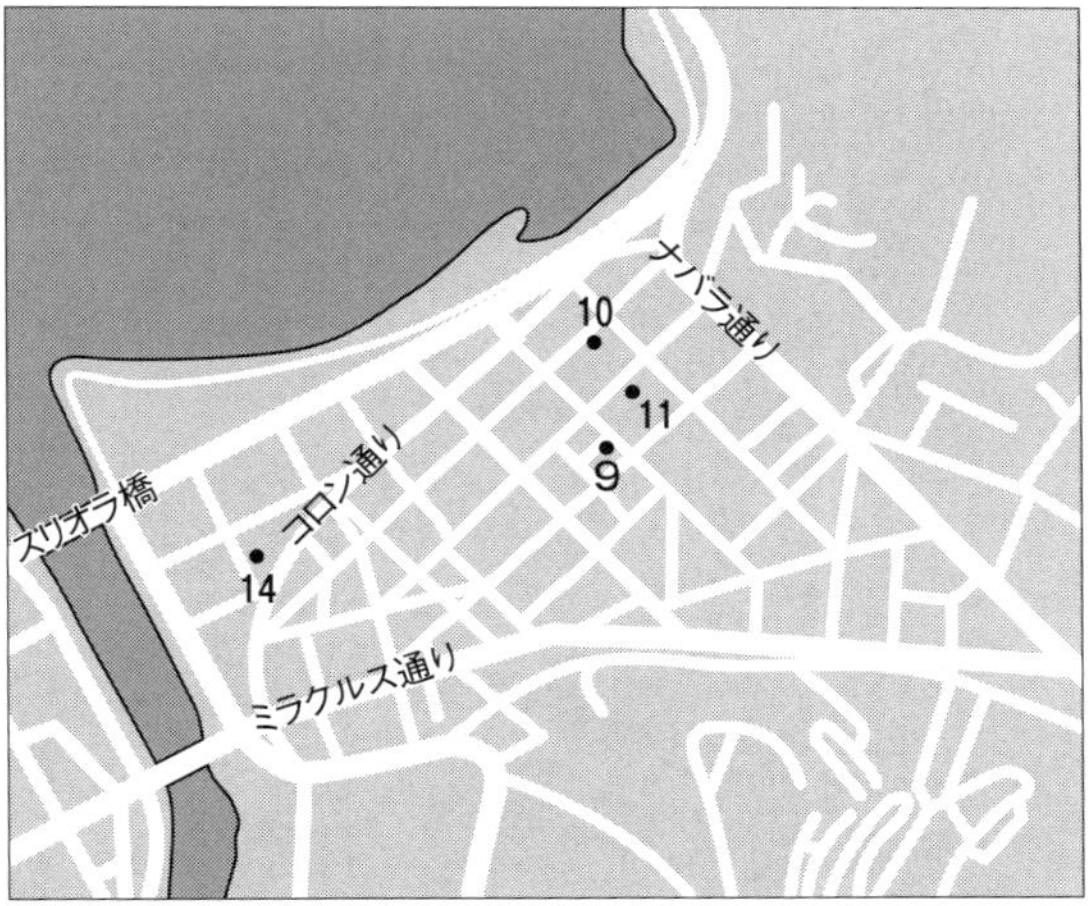

旧市街

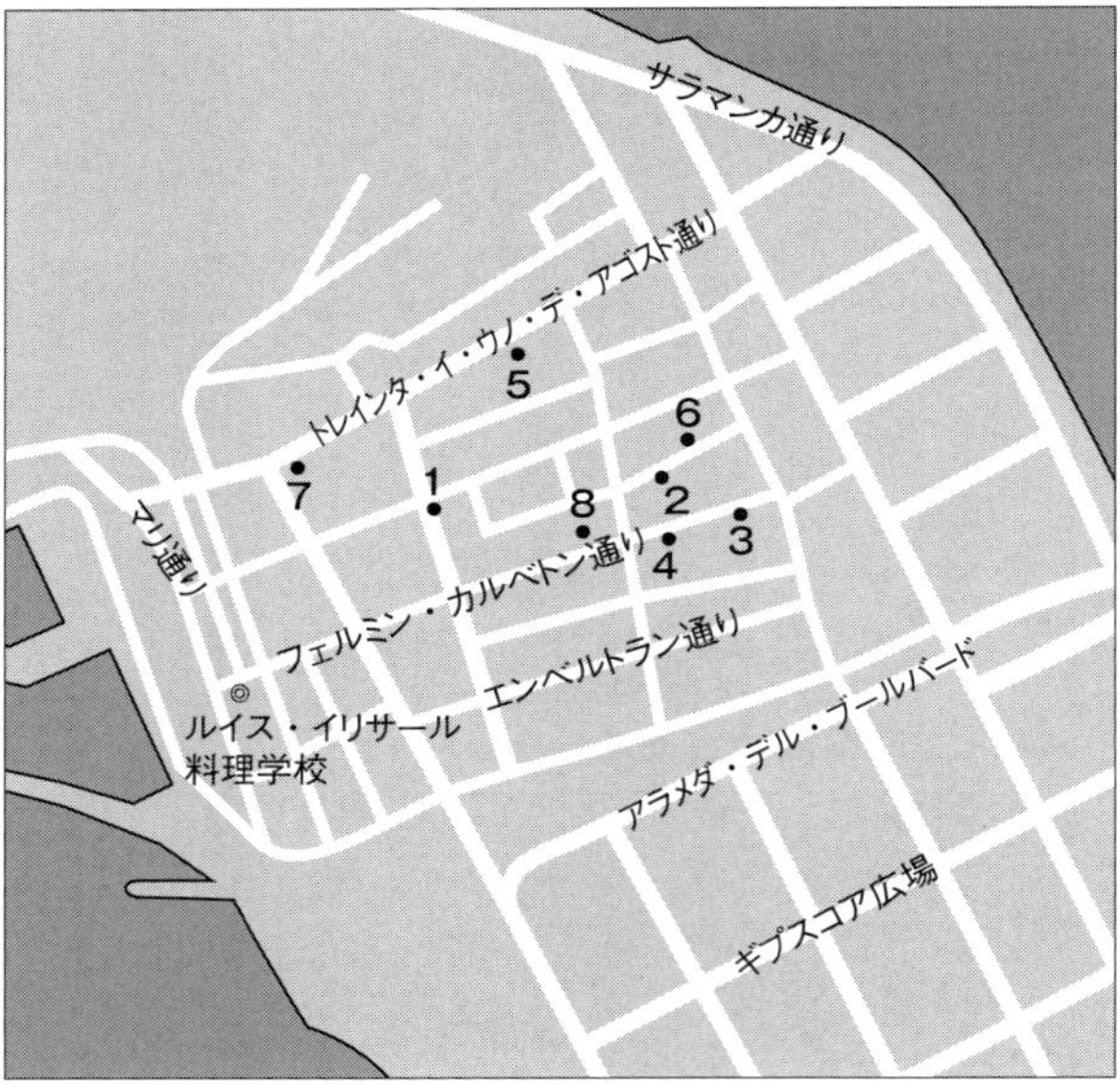
サラマンカ通り
トレインタ・イ・ウノ・デ・アゴスト通り
5
6
7
1
8
2
3
4
マリ通り
フェルミン・カルベトン通り
エンベルトラン通り
◎
ルイス・イリサール
料理学校
アラメダ・デル・ブールバード
ギプスコア広場

http://www.restalameda.com/

アラバ県

★Zaldiarán (Vitoria)

Avenida Gasteiz, 21, 01003 Vitoria-Gasteiz, Spain
945-134-822
http://www.restaurantezaldiaran.com/

★Marques de Riscal (Elciego)

C/ Torrea 1. 01340 Elciego
945-180-888
http://www.marquesderiscal.com/

★★Mugaritz (Errenteria)

Aldura-aldea, 20 20100 Errenteria Gipuzkoa, Spain
943-522-455／943-518-343
http://www.mugaritz.com
スペインを代表する若手シェフ、アンドニ・ルイス・アドゥリス。調和の取れた料理。2012年「世界ベストレストラン50」第三位。高城のサン・セバスチャンでのイチ押しです。

★Mirador de Ulía (San Sebastián)

Paseo de Ulia, 193, 20013 San Sebastián - Donostia, Spain
943-272-707
http://www.miradordeulia.com/
ロケーションも素晴らしく、雨が多いサン・セバスチャンの雨の日でも楽しめるレストラン。

★Kokotxa (San Sebastián)

Campanario 11, 20003 San Sebastián - Donostia, Spain
943-421-904
http://www.restaurantekokotxa.com/home.php

★Miramón Arbelaitz (San Sebastián)

Paseo de Mikeletegi, 53, 20009 San Sebastián - Donostia, Spain
943-308-220

★Zuberoa (Oiartzun)

Araneder Bidea, Barrio Iturriotz 20180 Oiartzun, Gipuzkoa
943-491-228
http://www.zuberoa.com
伝統と創作が融合した料理。15世紀の伝統住居を改装したレストラン。

★Alameda (Hondarribia)

Minasoroeta 1, 20280 Hondarribia, Spain
943-642-789

★Asador Etxebarri (Axpe)

Plaza San Juan 1, 48291 Atxondo Bizkaia, Spain
946-583-042
http://www.asadoretxebarri.com/

★Andra Mari (Galdakao)

Barrio Elexalde, 22 48960 Galdakao Bizkaia, Spain
944-560-005
http://www.andra-mari.com/es/index.php

ギプスコア県

★★★Arzak (San Sebastián)

Avda.Alcalde Jose Elósegui, 273-20015 San Sebastián
943-285-593
http://www.arzak.es
スペイン・グルメ界を代表するホアン・マリ・アルサックの店。伝統と創作が見事にマッチした料理。

★★★Akelaŕe (San Sebastián)

Padre Orcolaga, 56-20008. San Sebastián
943-311-209
http://www.akelarre.net
ペドロ・スビハナ率いるバスクの創作料理。鮮度の高い地元の季節の食材を使用。

★★★Martín Berasategui (Lasarte)

Loidi Kalea, 4-20160. Lasarte-Oria, Gipuzkoa
943-366-471／943-361-599
http://www.martinberasategui.com
世界的に有名なマルティン・ベラサテギの店。自然に囲まれた落ち着いた雰囲気。

Ⅲ

(参考)
ミシュラン星付きレストラン全ガイド (バスク自治州内)

★は、ミシュランガイドが付けた星の数

ビスカヤ県

★★Azumendi (Larrabetzu)

Corredor del Txorierri, Salida 25 | Barrio Legina, s/n Larrabetzu, 48195 Larrabetzu, Spain
944-558-866
http://www.azurmendi.es/

★Etxanobe (Bilbao)

Palacio Euskalduna | 4 Avenida de Abandoibarra, 48002 Bilbao, Vizcaya, Spain
944-421-071
http://etxanobe.com/

★Zortziko (Bilbao)

Alameda Mazarredo, 17, 48001 Bilbao, Vizcaya, Spain
944-239-743
http://zortziko.es/

★Boroa (Amorebieta)

Barrio Boroa, 11 48340 Amorebieta, Spain
946-734-747
http://www.boroa.com/sp/index.php

このコンクールはビスカヤ県で多く見られるもので、ビルバオをはじめとして、バキオ、ドゥランゴ、プレンツィアなどでも開催されています。

●国際ピンチョスフォーラム（Congreso Mundial de la Cocina en Miniatura, Pintxos y Tapas）

2007年に第1回が開催され、国際的に著名なシェフによる講演および実技や、一般参加によるピンチョスコンクールや人気投票、食の見本市などが同時に行なわれました。バスク料理の父ルイス・イリサールの名のついたオーディトリアムが会場となりました。ピンチョスコンクールは引き続き行なわれていて2011年で、5回目を迎えています。

●鯛の炭火焼コンクール

サン・セバスチャンから西に約17kmのオリオの町では毎年7月15日は鯛の日で鯛焼きコンクールが開催されています。これは炭火を使って誰が鯛の火の通し方が上手いか競うもので、2011年度は500匹の鯛がこのコンクールで焼かれたとのこと。

この街のレストラン「カッチーニャ」はオーナー自身の発明による、炭火の強さがボタンで調整できる厨房があるほどで、ここの近辺の魚の焼き具合にかける情熱は計り知れないものがあります。

話はそれますが、ビルバオ方面のアシュペ村に位置するレストラン「エチェバリ」は2011年にミシュランの一つ星を獲得していますが、ここの料理はすべて薪を使って調理をする究極の素材料理です。料理によって薪の種類を変え、焼いたりいぶしたりするこだわりの料理人がいます。

Ⅱ

日本人もここを目指せ！
サン・セバスチャン（および近郊）で開催される料理コンクール

サン・セバスチャン

●サン・セバスチャン料理学会 （San Sebastián Gastronomika -Euskadi Saboréala）

http://www.sansebastiangastronomika.com/

2011年で13回目を迎えるこの料理学会はプロを対象にしたもので、昨年度は11月の20日から23日まで開催され、2012年は10月に開催予定。国内外より招待されたシェフ（この年はペルー、メキシコ、ブラジルから）による新しい研究発表でまさに料理人のための意見交換のような内容となっています。

2011年の技術的な参加委員としてホアン・マリ・アルサック（アルサック）、アンドーニ・ルイス・アドゥリツ（ムガリッツ）、マルティン・ベラサテギ（マルティン・ベラサテギ）などそうそうたるメンバーが参加。

この年は炭火焼をテーマにした講演と炭火焼コンクールやジントニック・コンクール、利き酒コンクールなども開催、食品などの見本市なども開催されました。

●マルミタコ・コンクール

マルミタコとはマグロもしくはビンナガ、キハダマグロなどをタマネギ、ジャガイモ、トマトなどで煮込む料理。このコンクールはサン・セバスチャンの8月のセマナ・グランデのお祭りに開催されています。2011年で4回目にあたり、21グループが参加して優勝を競いました。

その他

⑮NARRU　ナル

Calle Zubieta, 56　Tel:943-423-349（バルは月～木12:00～0:30、土、日12:00～1:00）
http://www.narru.es/

2009年ギプスコアの最高の若手シェフに選ばれたイニゴ・ペーニャの店。レストランですがバルもあり、タパスを試すことができます。店内もきれいで、夏はコンチャ湾にテラスがでます。Risoto de Hongos y Champis con Foie（キノコとマッシュルームのリゾット、フォアグラ添え）、Arroz de Crustaceos con Socarrat（甲殻類のパエリア、お焦げ付き）などがおすすめ。レストランでは、Arroz con Almejas（アサリご飯）や26ユーロの定食をぜひ食べたい。

⑬Bar Restaurante Vallés　バジェス

Calle Reyes Católicos, 10-20006 Tel:953-452-210（休みなし）

http://www.barvalles.com/bar.html

1942年創業の地元の人の集まる伝統的なバル。レストランでもありますが入口にはカウンターとテーブルがありタパスもつまめます。おつまみとしては“La Gilda”, tortilla de bacalao（タラのトルティージャ）などの煮込み料理がおすすめです。

⑭Bar Bodega Donostiarra　バル・ボデーガ・ドノスティエラ

Calla Peña y Goñi, 13 Tel:943-011-380（冬の期間は月～木9:30～23:30　金土9:30～24:00、夏は月～土9:30～24:00　日曜休み）

http://www.bodegadonostiarra.com/

シェフのホアン・マリ・アルサックやマルティン・ベラサテギのおすすめ。カウンター内で料理するシンプルな料理の店。雰囲気とピンチョスの質が非常によい。Gilda（ヒルダと呼ばれるサン・セバスチャン生まれの青唐辛子の酢漬けとアンチョビ、オリーブの串)、Indurain（インドゥラインと呼ばれる唐辛子の酢漬けとツナのピンチョス。ちなみにインドゥラインは、バスク、ナバラ地方出身の伝説の自転車プロ・ロードレース選手の名前で、5本の唐辛子がツール・ド・フランス個人総合5連覇したことを表わしているとのこと)。その他、Pulpo（たこのマリネ）やTortilla（スパニッシュ・オムレツ）などがおすすめ。テーブルを確保するためには早い時間に行くとよい。

⑪Bar Ipotx バル・イポチュ

C/San Francisco, 42 Tel:943-284-956
(8:30～16:00、19:00～22:30　火曜休み)

20人も入らないような小さな店ですが、家庭的な料理とその安さで人気。おすすめはAlbóndigas（ミートボール）、Txipirón en su Tinta（イカの墨煮）、Pimientos（ピーマンの肉詰めの揚げ物）など。

エンサンチェ地区

⑫Bar Alex バル・アレックス

C/Larramendi, 10 Tel:943-460-225（日曜日、土曜昼休み）
http://www.baralex.net/

2005年にオープンした、20人入るかどうかという小さな店。テーブル席が少しあるので早めに行って確保したほうがよい。バスク料理をベースにしていろいろな国のエッセンスも取り入れた、あたらしいスタイルのエコノミーなピンチョス。内装があまりにも普通なのでギャップがあるかもしれません。ピンチョスに合わせたワインのマリダージュもあります。Canerón de Espinacas（ほうれん草のカネロニ、トマト、チーズ、ごまソース）、Piruleta de Pollo（鳥のロースと照り焼きソース）、Rissoto de Fungi e Parmellano（キノコ味のリゾット、パルメザン・チーズ添え）、Borocheta de Langostinos y Pulpo（たこと車エビの串焼き）など。

グロス地区

⑨ Bar Bergara バル・ベルガラ

General Artetxe, 8 Tel:943-275-026（閉店なし）
http://www.pinchosbergara.com/

マルティン・ベラサテギのおすすめの店。パチ・ベルガラ家族が経営する。80年代にあたらしいピンチョスを生んだ店としても有名。種類の豊富なピンチョスが特徴で、おすすめはTxalupa（キノコ、エビ、ベシャメルソース）、Txopiro（小イカとタマネギのソテー）、Tortilla de Anchoa（カタクチイワシ入りのトルティージャ、ニンニク味）などが美味しい。

⑩ Andra Mari アンドラ・マリ

C/Zabaleta 42 Tel:943-288-191
（朝7:30～10:30、昼12:00～16:00、夜19:00～22:30）
http://www.andramarirestaurante.com/aviso_legal.html

1980年創業のレストランですが2000年にリニューアルオープンしています。創作的なピンチョスと伝統的なピンチョスの両方が揃っています。Bola de Carne Picada（ひき肉団子の揚げ物）、Pluma de cerdo Ibérico sobre crema de patata trufada（イベリコ豚肉のソテートリュフ風味のジャガイモのピューレ添え）、Tosta de Bonito ahumado y tomate（スモークした鰹とトマト）、Langostinos laqueado relleno de shiitale（椎茸の詰め物をした車エビ）など。

⑦A Fuego Negro　フエゴ・ネグロ

31 de Agosto, 31 Tel:650-135-373（月曜休み）
http://www.afuegonegro.com/

モダンな内装の店内にオリジナルのピンチョスが並ぶ。ここの料理の多くがピンチョスコンクールの大賞に選ばれています。おすすめは、Arroz, Tomate, y Huevo（トマトのパスタで巻いたリゾット、卵のエスプーマ）、Makcobe with Txips（神戸牛のミニ・ハンバーグ、バナナチップ添え）など。

⑧Bar Tamboril　バル・タンボリル

C/Pescaderia, 2 (Plaza de la Constitución) Tel:943-423-507
（月曜、火曜昼休み）
http://www.bartamboril.com/

1854年創業の家族経営のバルで良心的な価格設定（ピンチョスは1.90ユーロ）。おすすめはTxampis Tamboril（マッシュルームのソテー）、Pimientos rellenos（赤ピーマンにタラを詰めて揚げたもの）、Tempra de Anchoa（イワシのフリッター）など。

リア）など。

⑤Bar La Cepa　バル・ラ・セパ

31 de Agosto, 9 Tel:943-426-394（火曜休み）

http://www.barlacepa.com/

イベリコ・ハムの充実したおすすめのバル。ここはウェルバ県、ハブゴ産の質の良い生ハムをおいています。Gavilla（ハム、生ハム、チーズ，ベシャメルのコロッケ）、Mejillones Relleno（ムール貝のコロッケ）、Pimiento rellenos de carne（赤ピーマンのひき肉詰めのコロッケ）など。

⑥Bar Zeruko　バル・セルーコ

C/Pescadería, 10 Tel:943-423-451（日曜夜、月曜日休み）

http://www.barzeruko.com/

店の雰囲気は昔ながらのバルですが、料理は手の込んだモダンなピンチョス。テーブルを確保してゆっくりいろいろ試してみたい店。マルティン・ベラサテギのおすすめの注目の店でもあります。Callos de Bacalao（タラの内臓もつ煮込み）、Erizos de Mar（ウニのオーブン焼き）、Crepe de salmón y crema de queso（サーモンとクリーム・チーズのクレープ）などがおすすめです。カウンターの温かいピンチョスは3.50ユーロ。

②Bar Txepetxa　バル・チェペチャ

C/Pescaderia, 5 Tel:943-422-227（日曜午後、月曜日休み）
http://www.bartxepetxa.com/

1973年創業の店ですが3代にわたって続いているお店。専門はカタクチイワシのピンチョス。おすすめはlas anchoas jardinera（酢漬けのイワシと野菜のマリネ）、Anchoa con pate de Oliva（酢漬けのアンチョビとオリーブのパテ）、Anchoa con huevos de Trucha（酢漬けのイワシと鱒のいくら）など。マルティン・ベラサテギのお気に入りの店。メニューは色褪せたサンプルの模型ですが、カウンターに置かれていますのでそれを見て注文することも可能です。

③Goiz Argi　ゴイス・アルギ

Fermín Calbetón, 4 Tel:943-425-204（月夜、火曜休み）
小さく清潔な店で、いつも人で賑わっています。特にここのベーコンが少し挟んであるエビの串焼きBrocheta de Gambasは一押しです。

④Borda Berri　ボルダ・ベリ

Fermín Carbetón, 12　Tel:943-425-638

小さなカウンターだけの店ですがここではカウンターに出来上がりの品が並べてあるのではなく、すべて注文で作ってくれます。おすすめはCarrillera de ternera al vino tinto（牛のほお肉の赤ワインソース）、Rissotto de Hongos de Baztan（キノコのリゾット、オルソパスタを使っています）、Arroa Bomba con Txipirón（イカのパエ

I

高城剛が選ぶ
サン・セバスチャンのピンチョス・バル ガイド

・開店時間、定休日などはすべて出版時点での調べです
・各店舗の地図は187、188ページ参照

旧市街

①Ganbara　ガンバラ

C/San Jerónimo.21 Tel:943-422-575（日曜の午後、月曜日休み）
http://www.ganbarajatetxea.com/aurkezpena

1984年創業のレストラン。カウンターに並んだピンチョスが楽しめます。1年を通して多くの種類のきのこを扱っていますが特におすすめの季節は秋。春ならばPerretxikoと呼ばれるきのこがあります。名物はGambas y espárragos rebozados（ホワイト・アスパラガスとエビのフリッター）。いつも混み合っているので早い時間に行くとよい。カウンター席には椅子はなし。その他にもHojaldre con txistorra（ソーセージのパイ）やミニクロワッサンに挟んだ生ハムなど。アルサックのシェフ、ホアン・マリ・アルサック推薦の店。

切りとり線

★読者のみなさまにお願い

この本をお読みになって、どんな感想をお持ちでしょうか。祥伝社のホームページから書評をお送りいただけたら、ありがたく存じます。今後の企画の参考にさせていただきます。また、次ページの原稿用紙を切り取り、左記まで郵送していただいても結構です。

お寄せいただいた書評は、ご了解のうえ新聞・雑誌などを通じて紹介させていただくこともあります。採用の場合は、特製図書カードを差しあげます。

なお、ご記入いただいたお名前、ご住所、ご連絡先等は、書評紹介の事前了解、謝礼のお届け以外の目的で利用することはありません。また、それらの情報を6カ月を越えて保管することもありません。

〒101-8701（お手紙は郵便番号だけで届きます）
祥伝社　新書編集部
電話03（3265）2310
祥伝社ブックレビュー　www.shodensha.co.jp/bookreview

★本書の購買動機（媒体名、あるいは○をつけてください）

＿＿＿＿新聞の広告を見て	＿＿＿＿誌の広告を見て	＿＿＿＿の書評を見て	＿＿＿＿の Web を見て	書店で見かけて	知人のすすめで

★100字書評……人口18万の街がなぜ美食世界一になれたのか

名前

住所

年齢

職業

高城 剛　たかしろ・つよし

1964年東京生まれ。日大芸術学部在学中に「東京国際ビデオビエンナーレ」グランプリ受賞。コミュニケーション戦略と次世代テクノロジーを専門に、メディアを超えて活動。近年はDJとしても国際的に活躍。総務省情報通信審議会専門委員などを歴任。著書に『ヤバいぜっ！デジタル日本』（集英社新書）、『サバイバル時代の海外旅行術』（光文社新書）、『モノを捨てよ世界へ出よう』（宝島社）など。

人口《じんこう》18万《まん》の街《まち》がなぜ美食世界一《びしょくせかいいち》になれたのか
スペイン サン・セバスチャンの奇跡《きせき》

高城《たかしろ》　剛《つよし》

2012年 7 月10日　初版第１刷発行
2024年 3 月 5 日　　　　第５刷発行

発行者……………………辻 浩明
発行所……………………祥伝社しょうでんしゃ
〒101-8701　東京都千代田区神田神保町3-3
電話　03(3265)2081(販売部)
電話　03(3265)2310(編集部)
電話　03(3265)3622(業務部)
ホームページ　www.shodensha.co.jp
装丁者……………………盛川和洋
印刷所……………………堀内印刷
製本所……………………ナショナル製本

Printed in Japan　ISBN978-4-396-11284-4　C0295

〈祥伝社新書〉
経済を知る

111
超訳『資本論』
貧困も、バブルも、恐慌も——マルクスは『資本論』の中に書いていた！
神奈川大学教授
的場昭弘

343
なぜ、バブルは繰《く》り返されるか？
バブル形成と崩壊のメカニズムを経済予測の専門家がわかりやすく解説
経済評論家
塚崎公義

390
退職金貧乏
定年後の「お金」の話
長生きとインフレに備える。すぐに始められる「運用マニュアル」つき！
塚崎公義

655
知らないとヤバい老後のお金戦略50
悲惨な老後を避けるため、お金の裏ワザを紹介！
経済評論家
荻原博子

503
仮想通貨で銀行が消える日
送金手数料が不要になる？　通貨政策が効かない？　社会の仕組みが激変する！
多摩大学特別招聘教授
真壁昭夫

〈祥伝社新書〉
経済を知る

498
総合商社
その「強さ」と、日本企業の「次」を探る
なぜ日本にだけ存在し、生き残ることができたのか。最強のビジネスモデルを解説
専修大学教授
田中隆之

650
なぜ信用金庫は生き残るのか
激変する金融業界を徹底取材。生き残る企業のヒントがここに！
日刊工業新聞社千葉支局長
鳥羽田継之

625
カルトブランディング
顧客を熱狂させる技法
グローバル企業が取り入れる新しいブランディング手法を徹底解説
マーケティングコンサルタント
田中森士

636
世界を変える5つのテクノロジー
SDGs、ESGの最前線
2030年を生き抜く企業のサステナブル戦略を徹底解説
ベンチャー投資家・京都大学経営管理大学院客員教授
山本康正

660
なぜ日本企業はゲームチェンジャーになれないのか
——イノベーションの興亡と未来
山本康正